JN171633

مدخل إلى الموسيقى العربية

アラブ音楽

アザーンから
即興演奏まで
入門

飯野りさ

Stylenote

も く じ

コラム

ラテン文字表記〜学術系と一般系・20

アラブの春　抗議の言葉を運ぶ旋律・30

アザーンは音楽ではない・37

多様な人々の住む多言語な歌・44

フレットのないウード・54

伝承歌謡のオリジナルとは？・61

サルマーとは誰？・74

口伝の伝承歌謡、変わる部分、変わらない部分・82

アレッポの伝統を支えたサフラ・96

ウード演奏、今昔・120

はしがき

　本書には先に出版された姉妹本『アラブ古典音楽の旋法体系──アレッポの歌謡の伝統に基づく旋法名称の記号論的解釈』（2017 年、スタイルノート）があります。同書はこれまでの研究成果をまとめた学術書であったため学術的議論を優先させざるをえず、初心者向けの体裁を取ることができませんでした。そこで、その姉妹本の成果に依拠しつつも、初歩から知りたい、体験してみたい方向けに執筆されたのが本書です。

　シリアの古都アレッポに残る歌謡の伝統をもとにしていますが、2011 年のアラブの春以降、シリアが内戦状態に陥り、アレッポも戦渦に見舞われました。内戦による軍事衝突や社会的混乱で人々は離散を余儀なくされ、シリア、そしてアレッポの誇る多くの歴史的建造物、すなわち有形の文化遺産が破壊され甚大な被害をこうむる一方で、根付いていた土地を離れ、人々とともに異国へと散っている無形の文化遺産も日々増えています。本書で紹介されている歌はそうした文化的な遺産の一部であり、かの地で愛され長く歌い継がれてきました。それゆえに今この瞬間にも、シリアのどこかで、そして避難先のレバノンやトルコ、ヨルダン、そしてイラク、もしくはドイツやスウェーデンなどで歌われているかもしれません。

　本書のためのサンプルを演奏してくださったアレッポを代表する音楽家ムハンマド・カドリー・ダラール先生も、現在はご家族とともにシリアを離れて暮らしていらっしゃいます。「旧世代の最後の一人」ともいわれてきた先生が、ご家族とともに、また多くの同胞の方々とともにシリアへ、そしてアレッポへと戻り、馴染みの土地で伝統を再建できる日が一日も早く来ることを願ってやみません。

2018 年 8 月

飯野りさ

本書で使用する表記について

アラビア語の表記について

● アラビア語の転写表記（ラテン文字転写）[注1] は International Journal of Middle East Studies の規則に準じているが、英語などで一般に使われている表記がある場合はそれも紹介した。

> 例：ナンシー・アジュラムの場合

> Nānsī ‘Ajram　（アラビア語からの転写表記）

> Nancy Ajram　（一般的な表記）

● ただし、歌のタイトルや歌詞が口語アラビア語の場合は適宜、上記の正則語（古典語）転写表記を参照しつつ、口語の音声に近い表記をあてている。

片仮名表記について

● 片仮名表記は、ラテン文字転写の音に近い片仮名をあてた。

● アラビア語の地名や人名などの片仮名表記は原則としてアラビア語名を用いているが、日本語で一般化している名称がある場合はそれを優先した。

> 例：Ḥalab　「アレッポ」（「ハラブ」としない）

> Nānsī　「ナンシー」（「ナーンスィー」としない）

● 歌詞などの口語の片仮名表記は、できる限り音声に近い表記とした。そのため、ラテン文字転写とは単語の区切り方などに関して若干のずれが生じている。

> 例：fōg in-nakhal　「フォーギン・ナハル」

注1　ラテン文字転写については、「はじめに」にコラム（20 ページ）がある。

音名の表記について

ソ⁻ ラ⁻ シ⁻ ド レ ミ ファ ソ ラ シ ド⁺ レ⁺ ミ⁺ ファ⁺ ソ⁺

● 本書では上記のようにイタリア式音名を用いる。

● ♭（半音低いことを示す）および ♭（四分の一音低いことを示す）などの臨時記号も使用するが、音程は相対的な理解に基づいており固定的ではない（詳しくは本文51〜52ページを参照）。

録音サンプルの使い方について

　本書では、実際に演奏を聴きながらアラブ音楽に親しんでいただく
ために、録音サンプルを用意しました。サンプルには、本書のために
あらたに録音した「録音サンプル」と、インターネット上で参考とな
る演奏を紹介した「参考録音」の二つがあります。

１．録音サンプル
　本書のために録音されたサンプルは、下記のようなマークで示され
ています。

 **ヒジャーズ旋法　アザーンの旋律（ウードによる）**
【演奏】ムハンマド・カドリー・ダラール

　これらはすべて、下記アドレスから試聴することができます。

https://www.stylenote.co.jp/0170

２．参考録音
　インターネット上の参考録音は、【参照 URL】として記されたアド
レスで直接ご参照ください。なお、こうしたネットサンプルは、予告
なく削除されたりアドレスが変更されたりすることがあります。

はじめに

❖本書のねらい
基礎から初歩的な即興演奏まで

　世界には多くの言語や文化があり、実にさまざまな音楽が存在しています。本書はそのなかでもアラブ世界、特にシリアやエジプトを中心にした東アラブ地域の伝統的な音楽の基礎を紹介するために書かれました。サンプル演奏を聴きながらこの本を読み進めると、読み終わったころには初歩的なタクスィーム（即興演奏）の聴き方のコツがわかりはじめてくる、本書はそこまでを目標にしています。

　ところで、伝統的なアラブ音楽といえば、それは旋法音楽です。旋法音楽とは和声を使わない、別の言い方をするとコード進行を伴わない音楽です。そのため、歌や楽曲は西洋音楽のようなハ長調とかイ短調といった分類をしません。旋律のみが重要であるため旋律様式（旋法）、すなわち旋律のスタイルの違いで分類し、それらを区別するためにアラブ音楽ではヒジャーズとかラーストなどの名前を使っています。

　このような音楽は今日の日本ではあまり馴染みがありません。そこで本書では、まず簡易な旋律の歌を用いて学習し、伝統的なアラブ旋法音楽の特徴を少しずつ体験できるように工夫しました。登場する歌はネット上で聴けるようになっていますので、繰り返し聴いて特徴をつかんでください。外国語の学習と同じで、何度も聴いて、可能なら

ば口ずさんで歌ってみるとさらに効果があるでしょう。そうすること
で各旋法の特徴の一端が徐々にわかるようになり、本書の第4課を読
み終わったころには、上述のように、器楽による初歩的な即興演奏の
聴き方のコツがつかめるように配慮しました。

　でも、即興演奏をわかるようになるって難しいんじゃないのかな？
そう思われる方も多いでしょう。たしかに、アラブ音楽で即興演奏が
楽しめる、ないしは楽しみ方を知っている人はそれなりに精通してい
るといえ、素人とは違い、日本語でいうならば「通」といえるでしょ
う。どんなジャンルの音楽もそれそのものに精通し、通になるにはと
ても時間がかかります。それゆえ、人によってはたとえば西洋のクラ
シック音楽でも日本の筝や三味線でも、みなレッスン、稽古に励むの
です。

　しかし、お稽古には道案内をする師匠が必要です。アラブ音楽の場
合、日本国内で身近に師匠となる人を見つけられる場所は非常に限ら
れています。それでもアラブ旋法音楽の基本を知ってみたいと思って
いる方が一人で迷わずお稽古するための道しるべとなる本、それが本
書です。

❖本書の構成

　でも、稽古なんてする必要あるのかな？　聴くだけだったら、好き
に聴けばいいんじゃないの？　そうおっしゃる方もいるでしょう。た
しかに、好きな音楽を好きに楽しむ、とても素敵な時間が過ごせま
す。たとえば大好きな歌があり、よく聴いているとしましょう。しか
し、本当に好きにそして自由に楽しんでいるのかといえば必ずしもそ
うではありません。現在、日本で親しまれている音楽を私たちが自然

と楽しむことができるのは、言葉と同じように子どものころから慣れ親しみ、聴き方のコツを意識的であれ無意識であれ知っているからです。

　では、アラブ音楽の場合はどうすればいいのでしょうか。まずはゼロから、すなわちアラブ世界の子どもたちと同じようなやり方で、アラブ旋法音楽の背景にある音の文化に身を置いてみることからはじめてみましょう。

　アラブ世界はイスラム教徒が人口の大半を占めています。エジプトなどを旅行すると、礼拝の時間には人々が三々五々、イスラム教の礼拝所であるモスクに向かう風景によく出会います。そんなときは、モスクから拡声器を通して礼拝への参加を促す声が流れているでしょう。モスクからのこの声は町の風景の一部になっており、アラブ世界の子どもたちは、このような音の風景に日々、親しんでいるのです。

　そこで、第1課では、この雰囲気を体験することからはじめます。モスクから聞こえてくる旋律を伴ったこの呼び声は「アザーン」といい、アザーンの旋律にもよく使われる旋法がいくつかあります。まずはそのひとつである「ヒジャーズ旋法」のアザーンを聴き、また、このヒジャーズ旋法による短い歌も聴いて覚えてみましょう。

　つぎに第2課では、別の旋法によるアザーンを聴いて、第1課で取り上げた旋法との違いを感じ取ってみましょう。これで、聞いたことのある旋法の数は二つになります。伝統的な歌はどれもが旋法を使っているため、習うたびに使われている旋法の名前とその旋律的特徴をあわせて覚えていけば、自然と知っている旋法の数は増えていきます。

　このようにして、一つひとつ学ぶことのできる旋法ですが、今日、よく使われているのは20個ほどになります。ここでは詳述しませんが、本書ではこれらの旋法を旋律の動きの特長に基づいて、「低音域

タイプ」、「中音域タイプ」、「高音域タイプ」の三つに分類していま
す。第1課と第2課では、そのなかでももっともよく使われる「中音
域タイプ」の旋法を取り上げました。つぎの第3課では「低音域タイ
プ」を扱い、もう少し長い歌を聴き、基礎知識を増やしていきます。
さらに第4課では最後に残った「高音域タイプ」の旋法を取り上げ、
よく聴いて特徴を覚えたら、この本のために録音された簡素でかつ規
範的な即興演奏を聴いてみることにします。この段階までに習ったこ
とが聴くためのヒントになって、即興演奏のどこに旋法の特徴が出て
いるのか、そして旋律がどのように進行していくのかがわかるように
なるでしょう。

　第4課までで「お稽古」の部分はほぼ終わりです。第5課では、こ
れまで学んだことを復習しながら、古典音楽でよく用いられる組曲形
式について学習します。

　巻末には、さらに学習を進める際のヒントとなる資料や情報などを
付録として掲載しました。

　本書の内容でもうひとつ重要なことは、各課の構成です。この「は
じめに」と第1課と第3課はざっくり体験したい方向けの前半と、も
う少し専門的に知りたい方向けの後半に分かれています。これらの課
に関しては、まずひと通り体験したい方は前半を読み、録音サンプル
を聴いて体験したら、後半は読まずにつぎの課に進んでください。第
4課までをこなしたあとでもう少し知りたいと思ったら飛ばした部分
に戻って読んでみると、アラブ旋法に関するイメージがさらにはっき
りしてくることでしょう。

✿本書の使い方
ネット上のサンプルを活用

ムハンマド・カドリー・ダラール先生

（写真、ダラール氏提供）

　本書で扱っている歌は、シリアの古都アレッポを代表するウード奏者ムハンマド・カドリー・ダラール先生による録音サンプルがネット上で聴けるようになっています。使用方法については、11ページを参照してください。そのなかのいくつかでは、娘のウラーさんがウードにあわせて歌っているものもあります。ダラール先生が現在居住している場所で録音がおこなわれたため残念ながらその状態はベストではありませんが、ウード一本と歌によるシンプルな演奏で、初心者にもたいへんわかりやすいものとなっています。解説を読むと同時に録音サンプルを繰り返し聴いて、それぞれの歌の雰囲気、さらにいえばそれぞれの旋法の特徴をつかんでください。

　先に触れたように、第4課の最後には、ダラール先生のウード演奏によるタクスィーム（即興演奏）を取り上げ、その音源も用意しています。この録音は、「初心者の方向けに」という筆者の依頼にあわせて極めてシンプルに演奏されていますので、録音サンプルの歌とあわせて聴いてさらに耳を鍛えてください。

　また、昨今はインターネット、特にYouTubeやSpotifyなどを使うと、さまざまな音楽が自由に聴ける時代でもあります。特にSpotifyには、シリアのサバーフ・ファフリー Sabah Fakhri、レバノンのファイルーズ Fairuz、そしてエジプトのウンム゠クルスーム Umm

Kulthum などの歌が登録されていますので、こういった有名な歌手の演奏をとりあえず聴いてみるのもいいでしょう[注1]。

　少し前までは、こうしたサービスを利用する際も検索するのためにはアラビア語やアラビア文字の知識が必要でしたが、今日では主要な歌手などは、英語などで使用するアルファベットを用いたラテン文字表記での検索が可能です。本書でも、検索のキーワードとなりうる単語には、できる限りラテン文字表記を並記しています。たとえば上記「シリアのサバーフ・ファフリー Sabah Fakhri」の「Sabah Fakhri」がそれにあたります。検索の際には参考にしてください。

　さらに、巻末の基本旋法リストでは、紹介している 18 の旋法それぞれに対して、本書の録音サンプルだけでなくネット上で検索できそうな歌などを紹介しています。こちらも参考にしていただければ幸いです。

❖注意事項
「マカーム」は保留、「タラブ」を感じよう

　ところで、アラブ音楽について調べてみたことがある方は、アラブ音楽には「マカーム maqām」というキーワードがあることをご存知かと思います。伝統的なアラブ音楽の説明には必ずといっていいほど登場する重要なキーワードです。しかし、この言葉はあるときは旋法（旋律様式）を意味したり、またあるときは音階を意味したりして、何を指し示しているのかが必ずしもはっきりしないことも多いため、本書ではまずはこの言葉を使わずに学習を進めます。さらに付け加え

注1　この三人の歌は、Spotify で提供されている。本文にあるラテン文字表記で検索可能。ただし、ウンム＝クルスームに関しては、登録されている歌の大半は 20 世紀前半のものである。https://www.spotify.com/jp/info/

ると、マカームという言葉は必ずしも古くから、たとえば19世紀以前から使われ続けてきたのではなく、比較的新しい言葉であることもこの言葉の使用を保留する理由のひとつです。本書の終わりでこの言葉の問題に立ち戻り、どのように解釈したらよいのかを考える予定です。

　むしろ、本書で重視しているのは、それぞれの旋法に固有の特徴を感じ取る感性です。音楽を聴く感性と関連するこのようなキーワードとして、アラビア語には「タラブ ṭarab」という言葉があります。こちらは古くから使われており、その中核的な意味は、音楽などに心理的にそして情緒的に影響され感動し心打たれることです[注2]。そのようなタラブな状態では、聴き手はある旋律では喜びに心満たされ、またある旋律では悲しみに沈み憂えることもあるといいます。本書で紹介する歌の一つひとつは旋律としては簡素なものですが、それらを聴き体験するということは、こうしたタラブな感性を大切にするアラブ人の音楽センスの初歩を経験することでもあります。そうした経験を一課ごとに積み重ね、旋法ごとの特徴をつかみその味わいの一端を体験してみることで、本書の解説を読み終わったころには逆説的ですが「マカーム」という言葉をどのように解釈すればよいのかがはっきりしてくることでしょう。

　さて、つぎからは「もう少し詳しく知りたい方向けのページ」です。ひと通りざっと体験したいという方は、31ページからの第1課にお進みください。

注2　タラブについてさらに詳しく知りたい場合は、本書の上級編、拙著『古典アラブ音楽の旋法体系：アレッポの歌謡の伝統に基づく旋法名称の記号論的解釈』（2017年、スタイルノート）の第2章を参照。

コラム ラテン文字表記〜学術系と一般系

　冒頭から順を追って本書を読みはじめた方は、9ページの「ラテン文字転写」とか「転写表記」という言葉に、少々まごつかれたことかと思います。これはいわゆる学術用語で、具体的には何を意味しているかといえば、あの右から左へと流れるように書かれるアラビア語の表記を、我々にわかりやすい英語のアルファベットに置き換えた表記のことを指します。

　それならば「アルファベット表記」とすればいいのではないかとおっしゃる方も多いかと思います。が、ここで問題が起こります。日本語で普通「アルファベット」といえば、英語やフランス語などで使用するアルファベットを指します。しかし、アラビア語も表記方法としてはアルファベット方式で、アラビア語で使用する28文字も、アラビア語では「アルファベット」といいます。そのため、単に「アルファベット表記」というと英語のアルファベットなのか、それともアラビア語のアルファベットなのか明確ではないのです。そこで、英語やフランス語で使用する文字を、おおもとであるラテン語にまでさかのぼり、A、B、C などの文字を「ラテン文字」と呼んでいるのです。

　また、アラビア文字からラテン文字への書き換え（「転写」といいます）には、学術的には一定の規則があり、一文字一文字が厳密に対応し、ラテン文字表記を見れば、もとのアラビア文字表記が容易にわかるようになっています。しかし、英語での表記とは若干異なるため、アラブの歌手や演奏家たちはあまり使っていないのが実情です。むしろ、一般にはわかりやすい英語的な表記やフランス語的な表記のほうが普及しています。そのため、本書では歌手の名前などをラテン文字で表記する際には、学術系の表記と一般的な表記を併記しています。YouTube や Spotify などは一般的な表記で検索してみてください。

紹介する音楽について

　本書はアラブ旋法音楽の基礎を解説する本で、サンプルとして使用している歌はシリアの古都アレッポで古くから歌われている伝承歌謡です。しかし、そもそもアラブ音楽とは何なのでしょうか。ここではいくつかのジャンルを紹介しながら、上記の「アレッポの伝承歌謡」の歴史・文化的背景などをご紹介します。

　ネットなどで世界中のさまざまな音楽が体験できるようになった今日、アラブ音楽と聞いてある種のエスニック・ポップなどをイメージする人は少なくありません。しかし、その一方で、イスラム教の聖典クルアーン（コーラン）の朗誦に伴う厳かな旋律や、お祈りへの参加を呼びかけるアザーンの旋律を思い浮かべる人もいるでしょう。これらは、保留事項[注3]つきではありますが、やはりアラブ世界の音的現象のひとつです。さらには、20世紀エジプトの大歌手ウンム＝クルスームの歌う繰り返しの多い長い歌をイメージする人もいます。「アラブ人の音楽」すなわち「アラブ音楽」ならば、これらはすべてアラブ音楽です。

　また、アラブ世界といえば東はイラクから西はモロッコ、北はシリアから南はイエメンやスーダンまで広大な地域です。当然、歴史的、地理的違いからそれぞれに伝統があり、唯一ひとつのアラブ音楽というものはありません。ただし、近代に東アラブ地域の都市で発達した都市の伝承歌謡はエジプト、レバノン、シリア、ヨルダン、そしてパレスチナなどの音楽学校で今日でも教えられているだけでなく、チュニジアやモロッコなどでも知られています。この本で扱うのはそうした歌や音楽のもっとも基礎になる部分で、そのなかでもシリアの古都

注3　本書37ページコラムを参照。

アレッポで長く歌い継がれてきた「カッド」や「ムワッシャフ」と呼ばれる伝承歌謡です。

東アラブ地域の古都アレッポ

　東はイラク、西はモロッコまで広がるアラブ世界は、イスラム教の聖典クルアーンの言語であるアラビア語が公用語として使われ文化的な均一性がある一方で、大きく分けると今日、三つの地域に分類されます。

　前項で触れた東アラブ地域は、アラビア語でマシュリク地域といい、東地中海に面したエジプト、パレスチナ、レバノン、シリア、そしてヨルダンおよびイラクの一部を含む地方やその近隣を指します。リビア以西からモロッコまでの北アフリカ地域がマグリブ地域、そしてサウジアラビアなどアラビア半島を中心とした地域が湾岸地域です（地図1参照）。それぞれに言語文化的なまとまりがある程度見られ、音楽に関しても同様の傾向があります。本書で取り上げるアレッポは、そのなかでも東地中海に面した地域を中心とした東アラブ地域に位置しています。

　アレッポを含むマシュリク地域のなかでも特に重要な都市はエジプトのカイロです。その政治経済的な重要性は、20世紀のレコードやラジオ、そしてテレビなどの音楽関連産業の発展にも影響しました。先ほど紹介したエジプトの歌手、ウンム＝クルスーム（1904?-1975）は今日でもアラブ世界でその歌声が絶えることがなく、彼女の歌った歌の多くは、今を生きる若い歌手たちが学習すべきレパートリーの一部となっています。ほかにも、エジプトの歌手で作曲家のムハンマド・アブドゥルワッハーブ（Muḥammad ‘Abd al-Wahhāb/Mohammed Abdel

もう少し詳しく知りたい方向けのページ

地図1：アラブ世界のおおよその地域分類

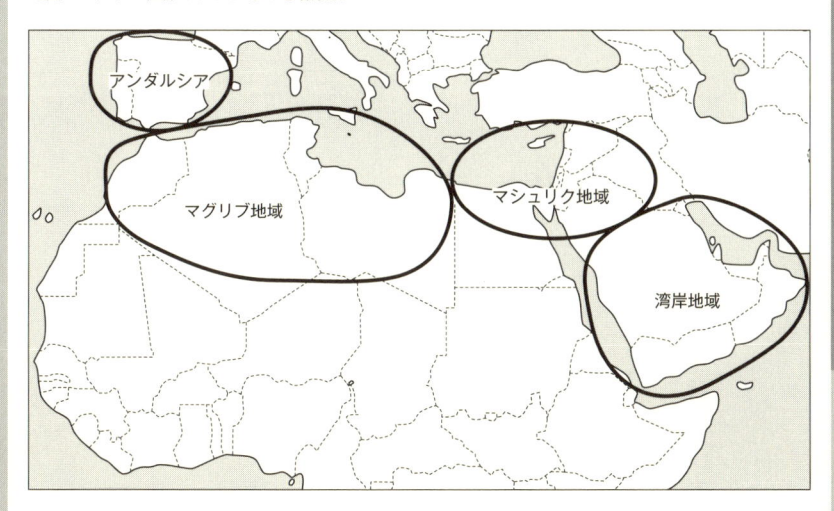

アンダルシア

マグリブ地域

マシュリク地域

湾岸地域

Wahab 1902?-1991）など、彼らの放ったヒット曲の数々は、今日でも
よく知られています。こうした歌は20世紀に作曲されたものが主で、
エジプトを中心とした新古典的な大衆歌謡の世界を形成しています。

　これに対して本書で扱う伝承歌謡は、作者不詳で20世紀以前から
伝わっている歌が多く、位置づけとしては古典になります。

　アレッポは東アラブ地域のなかでもトルコにほど近く、かつては東
から来る物資をダマスカスやカイロ、そしてイスタンブールへ、さら
にはヨーロッパへと送る中継地点、すなわち東西交易の要衝として栄
えました（次ページ**地図2**）。富の集まるところでは文化も繁栄するの
は洋の東西を問いません。今日、日本でも知られるアレッポのオリー
ブ石鹸や1986年にユネスコの世界遺産にも認定されたアレッポ城砦
およびスーク（市場）街もそうした繁栄を象徴する歴史的遺産の一部
です。この本で紹介する伝承歌謡も、そうしたアレッポの街で育まれ
てきました。

もう少し詳しく知りたい方向けのページ

地図2：アレッポと近隣地域

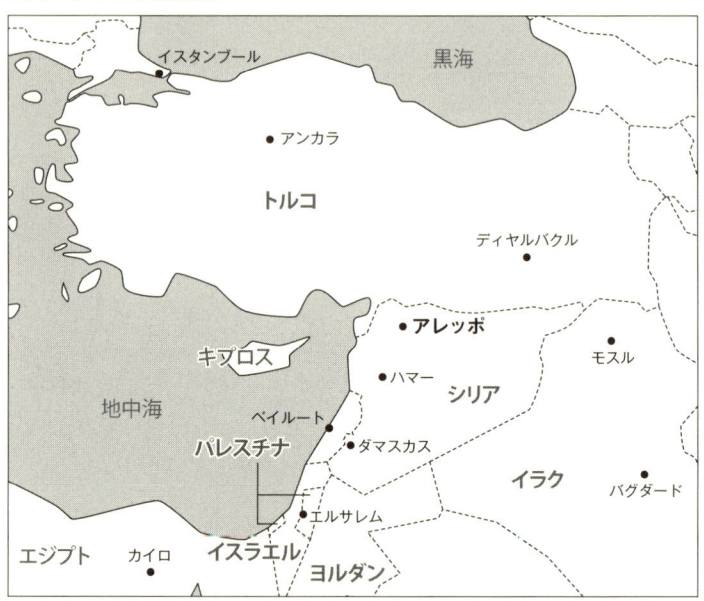

アレッポ城砦入り口（アレッポ、2006年、筆者撮影）

　このようなアレッポの伝承歌謡であるカッドやムワッシャフは、ア
レッポだけでなく東アラブ地域全体で知られています。特に子どもか
らお年寄りまで誰でも歌える短い歌であるカッドには、東アラブの旋
法体系の基本が詰まっています。他方、ムワッシャフはもう少し長め
で形式も整い、アラビア語の古典語（正則語、フスハー）を使用して
いることから、より技巧的で、技術的には専門的なジャンルの音楽と
いえます。

　ところで、ムワッシャフといえば、アラブ文学史上ではアンダルシ
ア地方（現在のイベリア半島、**地図1**参照）で10世紀ごろにはじまり
その後15世紀ぐらいまでに流行した詩の形式で、かつそうした詩を
もとにした歌の形式を指します。

　その時代にアンダルシアではさまざまな学問や文芸が花開き、中世
アンダルシアといえばアラブ人の間では過ぎ去りし栄光の郷愁を誘う
歴史的キーワードとなっています。アラブの王朝は15世紀末にはイ
ベリア半島から姿を消しましたが、モロッコ、アルジェリア、チュニ
ジア、そしてリビアなどにはアンダルシアから伝わったとされる歌と
してのムワッシャフが現在でも残っています[注4]。その一方で、ここで
紹介するアレッポも含む東アラブ地域に伝わるムワッシャフは、音楽
的特徴も歌のレパートリーとしてもそれらとは異なり、「東アラブ地
域のムワッシャフ」であることにまず注意してください。

　東アラブ地域のムワッシャフもアンダルシアのムワッシャフの流れ
をくんでいると一般にはいわれますが、歴史的なつながりは必ずしも
明らかではありません。しかし、今日のアラブ世界での中世アンダル
シアに対する郷愁や愛着を考えると、「流れをくんでいる」とみなさ

注4　たとえばアルジェリアでは「ノーバ」ないしは「ヌーバ」と呼ばれる組曲形式で演奏する伝統音楽な
　　どがこのタイプにあたり、「ガルナーティー」などのジャンル名で呼ばれている。ジャンル名はチュニジ
　　アでは「マアルーフ」、モロッコでは「アーラ」など、地方によって異なることが多い。

もう少し詳しく知りたい方向けのページ

れること自体がアレッポや東アラブのムワッシャフに対する高い評価を示しているといえるでしょう。

夕べの会サフラと伝承歌謡

このように東アラブ地域の歌謡の伝統として知られているムワッシャフですが、どのようにして受け継がれ、楽しまれてきたのでしょうか。

音楽を記録する技術としてのレコードが発明されたのは19世紀末で、中東では最初は大商人や地主層などの財力のある人々に普及しました。また、広い地域を対象としたラジオ放送はエジプトのカイロで1930年代にはじまっていますが、当時は録音ではなく生演奏を流していました。今日に見るようなコンサートは、20世紀に入りカイロで映画館や劇場も兼ねた商業的なホールではじまっています。ウンム＝クルスームやムハンマド・アブドゥルワッハーブらはこのような、レコード、ラジオ、そして近代的なコンサートが楽しまれる環境でスターになった人々です。彼らがアレッポでコンサートをした記録もあり、大勢の人々が楽しんだことでしょう。

その一方で、アレッポでは歌や音楽を楽しむ場はもっぱら結婚披露宴などの宴席のほかに、サフラと呼ばれた夕べの会でした。サフラは親しい人が集まり、談笑したり、食事を取ったりする集まりで、ときには歌手や器楽奏者を招いて歌や演奏を楽しんだりもしました。大商人の邸宅には当時のアレッポでも名高い歌手が呼ばれ、その美声や技巧を披露していました。本書で紹介する旋律は、そうした機会でも歌われていました。そのようなときは歌手が一人、二人いて、伝統楽器であるギターに近い形のウードや、台形の台に弦を張った箏に似た

カーヌーンなどから成る小編成のアンサンブルに伴われ歌っていました。こうした会はおおむね世俗的ですが、ときには神を讃える詩の朗唱や宗教的な歌詞の歌も歌われ、そうした歌の数々は広く親しまれ長く受け継がれてきたのです。

アラブ世界の音楽
ジャンルとしての伝承歌謡の位置づけ

　さて、このようにしてアレッポで受け継がれてきた「伝承歌謡」ですが、広い意味でのアラブ音楽（アラブ世界の音楽）のなかではどのような位置づけなのでしょうか。

　モノや人の移動が世界規模で活発な今日、アラブ世界でも流行を意識したポップなラブソングは若者に人気があります。その一方で、2010年末から2012年にかけて起きたアラブの春では腐敗した政治を批判するプロテスト・ソングも体制批判活動の中心地となったカイロのタハリール広場などで歌われただけでなく、ネット上で多くの人々に共有され、日本でも関心が持たれました[注5]。ラブソングであれプロテスト・ソングであれ、このような新しい歌のなかには伝統を取り入れている歌もある一方で、西洋の和声を用いて作曲され、伝統的な要素がほとんどないものもあり、本書で紹介する伝承歌謡とは異なります。アラブ音楽といっても多種多様なのです。

　しかし、極端な単純化が許されるならば、つぎのように説明できます。説明の際に重要な点は、前述のように西洋の「和声」を用いるかどうかと、つぎに大衆的か芸術的かの二点です。

　今日、アラブ世界のテレビやラジオ、映画、そしてネットなどのさ

注5　中町信孝著『「アラブの春」と音楽：若者たちの愛国とプロテスト』（2016年、DU BOOKS）参照。

まざまなメディアで使われている音楽は、多くの場合、和声音楽であるものの、伝統的な旋法音楽の特徴も取り入れているある種の折衷ものになります。次ページ図1を見てください。芸術性の高い映画音楽から、大衆向けのポップスまで、多くの音楽は図の中央部分に位置しているといえるでしょう。これに対してアラブ世界やトルコなどでも西洋音楽をもとにして芸術性を追求している音楽もあり、いわゆる「現代音楽」にあたります[注6]（図1の右上方）。

　芸術性という意味では国際的に評価の高いイラクのウード奏者ムニール・バシールの演奏は、旋法音楽の分野で芸術性の高い位置、すなわち図の左上にあたります。その一方で、先に紹介したウンム＝クルスームの歌はアラブ世界のエリートから大衆までを魅了し、芸術と大衆の両方に位置しているといえるでしょう（図1の左側）。本書で紹介するカッドやムワッシャフなどの伝承歌謡は図の左側のちょうど中央付近に位置します。伝統的な歌や音楽には基本的に和声はつきませんが、今日、人々が日々接するテレビやラジオなどで聴かれる場合はその限りではありません。

　若者向けのポップスなどは伝統と西洋の折衷であったりすることもあれば、その一方でほとんどアラブ音楽的な要素がなかったりすることもあります。しかし、歌っている歌手たちのなかには、幼少時にウンム＝クルスームなどの歌に親しみ、ムワッシャフなどの伝承歌謡を勉強している人々も少なからずおり、彼らが伝統と無関係であるとは必ずしもいえません。

　たとえばレバノンの人気女性歌手ナンシー・アジュラム[注7]は現代的なポップスでもっぱら有名です。しかし、古典歌謡から現代のポップスまでを歌いこなせる歌唱力が要求されるテレビのオーディショ

注6　トルコの事例では、濱崎友絵著『トルコにおける「国民音楽」の成立』（2013年、早稲田大学出版会）が詳しい。

注7　Nānsī 'Ajram、1983年生：レバノンの女性歌手、一般的なラテン文字表記は Nancy Ajram。

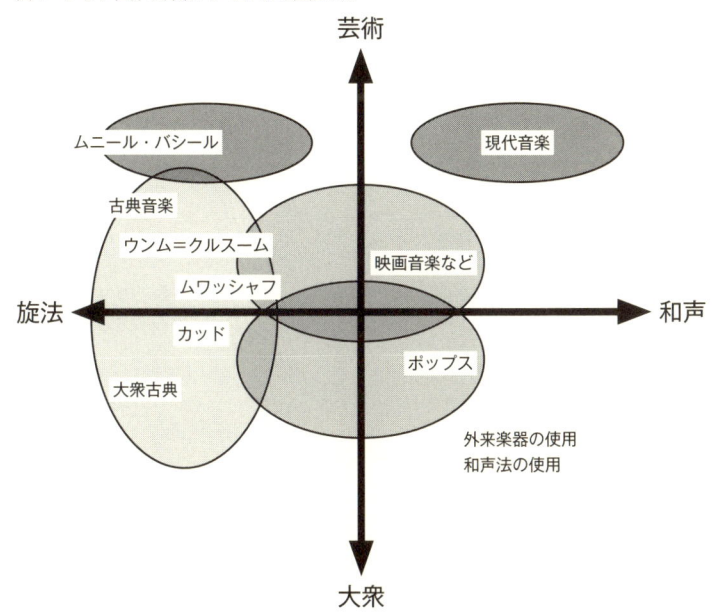

図1　アラブ世界の音楽、ジャンルの位置づけ

ン番組アラブ・アイドルの審査員を務めていたことからもわかるように、古典的な伝承歌謡や20世紀エジプトの大歌手たちの歌にも精通しています。また、若い世代には『キーファック・インタ』（2003年）[注8]などの歌がよく知られているレバノンの大歌手ファイルーズも、1970年代までの歌は作詞作曲を担うラフバーニー兄弟による和声アレンジつきの旋法音楽が中心でした。

　このように、旋法に関して基礎的知識を持つことはアラブ音楽の基本を知ることでもあります。そこで、まずは基礎中の基礎を第1課で体験してみましょう。

注8　kīfak inta?：直訳すると How are you? の意。レバノン方言の歌詞で息子のズィヤード・ラフバーニーによる曲。伝統的な旋法の要素はない。一般的なラテン文字表記は Kifak Inta。

コラム アラブの春　抗議の言葉を運ぶ旋律

　2010年の12月にチュニジアで起きた政府に対する抗議行動は、またたく間に人々の間に広がり、翌年1月には23年間続いたチュニジアの長期政権が大統領の辞任、それに続く亡命で幕を下ろしました。その後、エジプトやシリアへと拡大した民主化要求の嵐、アラブの春のはじまりです。議会はあっても大統領などの権力が強大で政治的には言論の自由がないうえに経済的には貧富の差が大きい、そうした現状に対する国民の抗議活動が、当時アラブ諸国でも利用が拡大していたインターネットなどを駆使しておこなわれました。

　中東からリアルタイムで送られてくる映像や情報のなかには、政府に対する抗議を歌う歌もあれば、自由への思いを歌った歌もありました。チュニジアの女性歌手エメル・マスルースィーの《私の言葉は自由》はその代表例です^{注1}。西洋和声を伴ったこの歌は、2015年にチュニジアの政治団体がノーベル平和賞を受賞したとき、ノルウェーのオスロでおこなわれた授賞式でもオーケストラの伴奏で演奏されました。

　他方、抗議活動が活発化するなか、先導する歌い手にあわせてデモに参加する人々が声を挙げるシュプレヒコールには、古典的なアラブ旋法をふと思い出させるものもありました。シリアの地方都市で2011年に起きたデモの様子を写したビデオからは、つぎのような旋律が聴こえてきました。「ドドレ♭ドシ♮ラド」、これは古典的なアラブ旋法のひとつであるサバー旋法の特徴を持った響きで、一般的には悲しみや不安などのイメージがあります。この旋律に、アサド大統領の退陣を迫る言葉が乗せられていました。前述の《私の言葉は自由》が自由の尊さをゆっくりと自信を持って歌い上げるのに対して、この抗議の旋律はどことなく不安定で、その後の内戦を予見しているかのように聞こえた、というのはあと知恵でしょうか。

注1　歌手名は Āmāl Mathlūthī/ Emel Mathlouthi、歌のタイトルは kalimatī ḥurra/ Kelmti Horra。

第1課

雰囲気を味わおう

はじめの一歩

　では、お稽古をはじめましょう。まずは、カイロやアレッポなどの町でよく聞くアザーン^{注1}で耳慣らしをします。日本人の耳にももっとも馴染みやすいヒジャーズ旋法によるアザーンを聴いてみましょう。

1．アザーンで体験する「ヒジャーズ」な雰囲気

　アラブ諸国を訪れると、よく耳にするのがモスクから聞こえるアザーンです。一日五回の礼拝の前にモスクに付属する尖塔（ミナレット）から礼拝のはじまりを告げ、人々にモスクに集まるよう呼びかけます。この呼びかけがアザーンです。ムアッズィンと呼ばれる人が定型句と呼ばれる決まった言葉に旋律をつけておこなうのが一般的です。その出来の良し悪しはムアッズィンの音楽的知識や経験によって異なります。いくつかの旋法でおこなえる人がいる一方で、ほとんどいつも同じ旋律の人まで千差万別です。そうしたなか、よく聞かれるのが「ヒジャーズ旋法」によるものです。この旋法のアザーンは比較的広い地域で聞かれ、筆者の知る限り、カイロ、アレッポ、ダマスカス、ベイルートなどの諸都市を含む東アラブ地域だけでなく、イスタンブールやアンカラなどトルコでも聞かれます。

　サンプル1はヒジャーズ旋法によるアザーンの一般的な旋律を、ダラール先生がわかりやすくウードで演奏したものです。まずはこのサンプル1を何度か聴いて、その雰囲気を体験してみましょう。

注1　「アザーン」のアラビア語からのラテン文字転写は adhān だが、ほかに azan、ezan などいくつかの表記がある。

ウマウィー・モスクのミナレット（アレッポ、2006 年、筆者撮影）

かつては塔の上部までムアッズィンがのぼり、肉声でアザーンをおこなっていました。今日では、地上にある部屋でマイクに向かっておこない、塔の上にある拡声器でアザーンを流す方法が一般的です。

ヒジャーズ旋法 アザーンの旋律（ウードによる）

【演奏】ムハンマド・カドリー・ダラール

録音：2016年9月・アレキサンドリア（エジプト）

　どんな印象を受けたでしょうか。古いハリウッド映画では、中東やインドのイメージにヒジャーズ旋法の旋律が多く使われていました。そのため、この旋律を聴くと怪しい雰囲気の蛇使いが脳裏に浮かぶ世代の方もいるかもしれません。蛇使いとは関係はありませんが、多くの人がこの響きを「中東風」とか「オリエンタル（東洋風)」とみなしていることは確かです。

譜例1
① サンプル1 の旋律の冒頭

②

レとソが枠組みとなって旋律が形成される

　譜例1-①は サンプル1 の旋律の冒頭部分を採譜したものです。拍子のはっきりした旋律ではありませんので、上の譜例も旋律線をゆるくなぞっているだけであることをご了承ください。

　採譜を見ると、この旋律ではレ、ミ♭、ファ♯、ソの四音が主に使われていることがわかります。**譜例1-**②に、この四音を音階の形で示しました。この四音を念頭に置いて、再度、 サンプル1 を聴いてみましょう。旋律が**譜例1-**②で示した四音のなかのソに比較的長く留まり、レとソが枠のような役割を果たしながら、その間にある

増二度音程（ミ♭ーファ♯）を響かせ、少しエキゾチックで中東風と考えられている旋律的響きを創り出していることがわかります。この響きが「ヒジャーズな響き」で、それを音階で示した**譜例1-②**のレミ♭ファ♯ソの音階を「ヒジャーズの小音階」といいます。音階というと一般には八音からなる一オクターブの音列を想像しますが、アラブ音楽の小音階は三音、四音、または五音から構成され、ひとつのまとまりとして考えます。このような小音階は主なもので10種類ほどあり、それぞれに名前がありその響きごとに区別されています。

サンプル1 を繰り返し聴いて、このヒジャーズな響きの雰囲気をまるごと覚えましょう。

　ではつぎに、実際のアザーンをネット上で見つかる録音で聴いてみましょう[注2]。ここでは、歴史的なアザーンの録音を例として挙げておきました。ヒジャーズな響きがたっぷりと使われていることがわかります。

・・

【参考録音】　ヒジャーズ旋法　アザーン

　　ムスタファー・イスマーイールによるアザーン

　　【参照 URL】 https://soundcloud.com/ah2020/1959a

・・

　【参考録音】のアザーンはエジプトの著名なムクリウ（クルアーン

注2　「ヒジャーズ」の表記は、hijaz のほかに hejaz などがある。azan hijaz をキーワードにネットで検索すれば、いくつかの録音が見つかる。ただし、YouTube などのネットに掲載されている表記や説明が誤っている可能性もあるため、本書の34 〜 35 ページの説明をよく読み、サンプル1 や上の【参考録音】をよく聴いて、検索結果を確認する必要がある。ヒジャーズ旋法のアザーンは宗教歌謡の CD でもよく使われており、本書巻末の「1. 録音案内」にある ②CD と ⑤CD にも収録されている。

朗誦者）、ムスタファー・イスマーイール Muṣṭafā Ismāʿīl（1905-1975）
によるもので、1959年にシリアの首都ダマスカスにあるウマイヤド・
モスクで録音されました。ウマイヤ・モスクは8世紀に建立された、
歴史的なモスクです。この旋律は、典型的なヒジャーズ旋法による旋
律です。先に触れた音楽学的にいうところの「増二度」がヒジャーズ
な雰囲気、言い換えるとヒジャーズな情緒感をかもし出しています。
このアザーンを聞くとアラブ旋法に詳しい人は「ヒジャーズ」という
言葉を思い出します。「ヒジャーズ」という名称とこのような雰囲気
の旋律とが、記憶のなかで呼応し関連づけられているためです。

　なお、アザーンの定型句（文言）は以下のような文章です。意味も
確認しておきましょう。

定型句転写表記

Allāh akbar　（繰り返し）

ashhadu an lā ilāha illā (A)llāh

ashhadu anna Muḥammadan rasūlu (A)llāh

hayyā ʿalā (a)ṣ-ṣalāt　　hayyā ʿalā (a)l-falāḥ

aṣ-ṣalātu khayrun min an-nawm

Allāh akbar（繰り返し）

lā ilāha illā (A)llāh ^{注3}

片仮名表記

アッラーフ　アクバル（繰り返し）

アシュハド　アン　ラーイラハ　イッラッラー（フ）

アシュハド　アンナ　ムハンマダン　ラスールッラー（フ）

注3　アラビア語では定冠詞「al（アル）」が単語に後続する場合、その母音「à（ア）」が直前の母音に同
　　化することがある。そのような母音はカッコに入れている。

ハイヤー　アラッサラート　ハイヤー　アラ・ル・ファラーフ

アッサラートゥ　ハイルン　ミナンナウム

アッラーフ　アクバル（繰り返し）

ラーイラーハ　イッラッラー（フ）

翻訳

神は偉大なり

私は証言する、アッラー以外に神はないと

私は証言する、ムハンマドは神の使徒であると

礼拝に来れ、繁栄に来れ

礼拝は眠りよりもよい

神は偉大なり、アッラー以外に神はなし

コラム アザーンは音楽ではない

　ムスリム社会で飲酒が忌避（き ひ）されていることはよく知られています。理由は諸説ありますが、お酒を飲んでへべれけになるとお祈りを怠って神の教えから遠のいてしまう、そのような理由がよく語られます。

　同じように夢中になってしまうと宗教的義務を怠ったりする可能性があるため、歌や音楽もムスリム社会ではあまり推奨されていません。イスラム法を厳格に解釈する場合は禁止されていたりします。しかし、その一方でクルアーンの朗誦もまたアザーンも旋律的に聞こえ、宗教歌謡は熱心に歌われています。なぜでしょうか？

　まず、アザーンやクルアーンの朗誦は「音楽」とは分類されていないことが理由として挙げられます。また、宗教心を高めるものは推奨されるため、神を讃え、その教えを乞い求める宗教歌謡は容認されていることも理由のひとつと考えられるでしょう[※]。

※イスラム教と音楽に関するこのような議論は、新井裕子著『イスラムと音楽：イスラムは音楽を忌避しているのか』（2015年、スタイルノート）が詳しい。

38

２．ヒジャーズ旋法のカッド《フォーギン・ナハル》

　先ほどの録音サンプルはアザーンでした。つぎに簡単な歌の例で、もう一度ヒジャーズな響きを体験してみましょう。

　シリアの古都アレッポには、古くから伝承されている歌のジャンルが二つあります。「カッド qadd」と「ムワッシャフ muwashshaḥ」です。カッドとは、五線譜にしたら二、三段程度で、歌ってみると一節（ひとふし）程度、つまり一まとまり、一フレーズ程度で終わってしまうような短い歌のジャンル名です。子どもから大人まで多くの人が知っていて歌えます。これに対してムワッシャフはより長く、歌によっては凝った旋律のものもあり、特定の楽曲形式を持っています。かつては歌の師匠について習っていました。ムワッシャフについては、代表的な歌を第３課で扱います。この課ではカッドのひとつを紹介します。

　カッドやムワッシャフは伝承歌であるため、作詞者や作曲者が誰なのか知られていないものが多く、歌のタイトルも特定していないため、一般的には歌詞の冒頭部分がタイトルになっています。この課で紹介するカッドも《フォーギン・ナハル fōg in-nakhal（なつめやしの上に)》　というタイトルで知られていますが、これは歌詞の冒頭部分にあたります。イラク、特にバグダード民謡として知られているものの、イラクだけでなくシリアやレバノン、パレスチナなどの広い地域で親しまれている歌のひとつです。ただし、歌詞に関しては意味内容がはっきりしないことも有名で、翻訳はあくまで参考として付しました。また、タイトルは正則アラビア語 [注4] であったら fawqa an-nakhl（片仮名表記：ファウカン・ナフル）ですが、バグダード方言であるた

注４　アラビア語には古典語ないしは標準語である正則アラビア語（フスハー）と日常会話に使用されている口語（アーンミーヤ）があり、口語には各地の方言がある。

め「フォーギン・ナハル」という発音になっています。

　この歌も、**譜例1-②**で示したヒジャーズの小音階が使われ、ヒジャーズ旋法のアザーンと同じような響きの旋律が繰り返されて「ヒジャーズな響き」をかもし出しています。**サンプル2**を聴いて、確かめてみましょう。

ヒジャーズ旋法　カッド《フォーギン・ナハル》（歌つき）

【演奏】ウラー・ダラール（歌）

　　　　ムハンマド・カドリー・ダラール（ウード）

録音：2016年9月・アレキサンドリア（エジプト）

譜例2　カッド《フォーギン・ナハル》
　　　※記譜にあたっては、サバーフ・ファフリーなどの歌い方も参考に、また歌いやすさなども考慮して、重版にあたり一部変更している

歌詞転写表記

1.　fōg in-nakhal fōgi fōgi yā bā fōg in-nakhal fō

　　mā (a)drī lāmiʻ khaddā yā bā mā (a)drī (a)l-gomar fō

　　wallah mā (u)rīdā bālīnī balwā

片仮名表記 ^{注5}

フォーギンナーハル　フォーギ　フォーギ　ヤバ　フォーギン
ナーハル　フォー
マードリ　ラーミア　ハッダー　ヤバ　マドリルゴーマル
フォー
ワッラ　マーリーダー　バーリーニー　バルワー

2.　ballah yā majrā (a)l-mayy yā bā sallim 'alēhom 'alēhom
　　ṣa'bān al-furg 'alayya yā bā (i)shtignā ilēhom ilēhom
　　wallah mā (u)rīdā bālīnī balwā

（以下省略）

注）　歌詞は正則アラビア語ではなく口語であるため、多くの発音が口語化していることに
　　注意。

翻訳

なつめやしの上方に、なつめやしの上方に
輝いているのは彼女の頬_{ほほ}か、それとも月なのか
望んではいないのに、試練が私に降りかかる

おお、水の流れよ、彼らによろしく伝えておくれ
私には別れはつらい、彼らがいないので寂しく思う
望んではいないのに、試練が私に降りかかる

【参考録音】　ヒジャーズ旋法　カッド《フォーギン・ナハル》（歌つき）

　【演奏】サバーフ・ファフリー（歌）

　【参考 URL】 注6 https://www.youtube.com/watch?v=SW6wel_yBP4

　　　　　　　　（01：15：45 あたりから）

3．音楽学的説明その1
使用音階

　ここまでで、「ヒジャーズな響き」がなんとなくイメージできるようになったでしょうか。ではこの課の最後に、もう少し音楽学的な説明を付け加えておきましょう。

　ヒジャーズな響きを音階で表すと、34 ページ**譜例1-②**のようになりました。しかし、**譜例1-②**にはレからソまでの四音しかありません。にもかかわらず、《フォーギン・ナハル》をはじめ、ほかのヒジャーズ旋法の旋律でも、この四音以外の音が使われています。そこで、ヒジャーズ旋法の旋律で使われている音を書き出し、音階の形で示すと、**譜例3**のようになります。

譜例3　ヒジャーズ旋法の使用音階

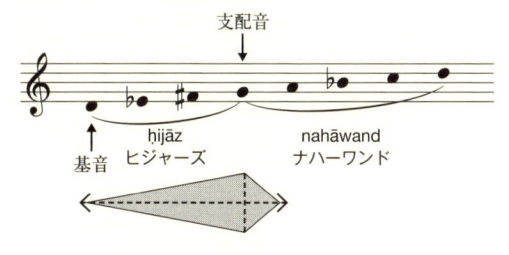

注6　サバーフ・ファフリーは YouTube 上に公式チャンネル（アラビア語）を持っており、ここで紹介している動画はそのうちのひとつ。なおこの歌は、Spotify でも Fouq annakhl、Fok El Nakhel などの表記で紹介されている。

　このようにアラブ音楽の旋法で使われている音を音階の形で示したものが「使用音階」です。今日の西洋音楽では基本的に音階は長音階と短音階のみですが、アラブ音楽の場合、旋法ごとに音階が異なります。そのため、慣れるまではこの例のように、旋法ごとに使用音階を確かめる必要があります。

　さてつぎに、この課で学んだ「ヒジャーズな響き」は使用音階を使うとどのように説明されるのか、確認しておきましょう。

　ヒジャーズ旋法のアザーンでも、《フォーギン・ナハル》でも、一番重要な響きはレ、ミ♭、ファ♯、ソの四音付近で、かつ旋律はソに集まりやすいということは、すでに学習しました。また、ヒジャーズ旋法の旋律は、レで終止します。すなわちレにも音が集まりやすいのです。このように旋律が集まりやすい音、旋律がその音を核にして展開する音を「核音」といいます。**譜例3**の使用音階ではレとソ、さらにレのオクターブ上のレ⁺が核音です。

　このような核音のなかでも、旋律が最後に収束してかつ使用音階の基となる音のことを本書では「基音」[注7]と呼んでいます。ヒジャーズ旋法の場合は「レ」です。本書では、使用音階を基音からその一オクターブ上までの音階で示しています。

　また、核音のなかでも特に旋律のはじまり部分（開始部）で旋律形成の中核となる核音を、旋律の進行を支配するという意味合いで、本書では「支配音」と呼んでいます[注8]。ヒジャーズ旋法の場合は「ソ」です。**サンプル1**のアザーンの旋律や**サンプル2**の《フォーギン・ナハル》からもわかるように、「ヒジャーズな響き」はヒジャーズの小音階でソが中心のときにもっともヒジャーズらしい響きになります。

注7　英語でトニック tonic、アラビア語でカラール qarār などということが多い。
注8　英語でドミナント dominant。アラビア語ではガンマーズ ghammāz というものの、この用語はあまり普及していない。

そのようなとき、使用音階の構成音のなかでは基音のレから支配音の
ソのあたりが響きの重心のような役割を果たしていますが、その比重
のイメージを図にしたものが**譜例3**の音階の下に示した図形です。イ
メージ作りの参考にしてください。

　ここでは「使用音階」を学びましたが、旋法についての説明にはも
うひとつの要素である「旋律行程（旋律モデル）」が不可欠です。「旋
律行程」については第3課にある「音楽学的説明その2」で詳しく説
明します。

　最後にヒジャーズ旋法の録音サンプルをもうひとつ挙げておきま
す。ここで説明したヒジャーズな響きをかもし出す特徴に注目して聴
いてみましょう。

サンプル 3　**ヒジャーズ旋法**　カッド《イル＝ブルブル・ナーガー il-
bulbul nāghā（小夜鳴き鳥が鳴いた）》（歌つき）

【演奏】ウラー・ダラール（歌）

　　　　ムハンマド・カドリー・ダラール（ウード）

録音：2016年9月・アレキサンドリア（エジプト）

譜例4　カッド《イル＝ブルブル・ナーガー》の旋律の主要部分

il-bul-bul nā-ghā＿ghu-ṣ-ni l-full　　āh yāsha-'ī-'ī l-ni-'-mā-ni

aṣ-dī u-lā-'ī　maḥ-bū-bī＿＿＿＿　be-na l-yas-mīn wa r-rī-hā-nī

冒頭で「レソソーソソ」とレとソの枠組みが強調された《フォーギン・ナハル》とは異なり、この旋律では、むしろ「ソファ♯ミ♭レ」という下降する響きが強調されています。その一方で、譜例 4 の一段目に見るような下降気味の旋律の中核部分を作るのはヒジャーズの小音階であり、やはりソとレは一種の枠組みとなっています。《フォーギン・ナハル》とは若干異なるものの、核音であるソやレが旋律の輪郭を支えながらヒジャーズな響きが形成されてゆきます。

コラム 多様な人々の住む多言語な歌

　本書はアラブ音楽の本ですので、アラビア語の歌を紹介しています。しかし、アラブ諸国にはアラビア語を母語とするアラブ人以外に民族や宗教を異にするさまざまな少数派が居住しており、たとえばシリアやイラクにはクルド語を話すクルド人や、シリア語を話すシリア正教徒などがいてそれぞれの言語で歌文化を持っています。隣国トルコも同様で、トルコ語の歌がある一方で、クルド語が母語の人々にはクルド語の歌など、少数派の言語による歌があります。

　その一方で、本書で扱っているカッドのような、簡易な民謡ともいえる歌のなかには同じ旋律であるけれどもそれぞれの民族・集団の言語の歌詞を持っている歌、つまり多言語な歌もあります。多くの集団が同じ旋律の歌をそれぞれの言語で歌う、すなわち旋律を共有しているのです。

　もっとも有名な例に、日本でも 1953 年に江利チエミが歌った《ウスクダラ》があります。この歌はイスタンブール近辺に伝わるトルコ民謡として有名ですが、トルコ語だけでなく、ギリシア語やアルメニア語、アラビア語などでも歌われています。筆者はアラビア語バージョンをアレッポで習いました。どのようにしてこの旋律がアレッポに伝わったのか、ないしはどのようにしてイスタンブールやアレッポを含む東地中海地域に広まったのかは史料もありませんので不明ですが、アレッポは、東はバグダード、西はイスタンブール、南はダマスカスやカイロなどと交易を通して交流があり、旋律も人の往来とともに広まっていったのでしょう。

旋法とその名称
名前とともに音的響きをイメージする

　この課では「ヒジャーズな響き」を持つヒジャーズ旋法について学びました。学んだというよりも、まずはヒジャーズな響きを体験してみました。個人差はありますが、比較的馴染みやすくわかりやすい例です。アラブ音楽に詳しい方ならば、この響きを聞くとヒジャーズであることを思い出し、その一方で、ヒジャーズといえばこの響きが脳裏に浮かびます。いずれにせよ重要なことは、「ヒジャーズ」という言葉とこの課で紹介したアザーンやカッドの旋律的響き、特にそのイメージが結びついていることです。

　これ以降も、アラブ音楽で使われているこのような名前（名称）を使って、旋法のお稽古を続けてゆきます。その際に重要なことは、ヒジャーズの例にもあるように、その旋法に独特の響きのイメージをつかみ、その名前と一緒に覚えてゆくことです。

　アラブ音楽の「旋法」は、英語では「mode」と翻訳されてきました。この言葉にはいくつかの意味がありますが、旋法に関連するものとしては「種類」や「分類」、そして「スタイル」や「様式」などがあります。みな、特徴ごとに分類できるものを意味しています。しかし、modeだけではどのような特徴に関して分類しているのか、もしくは種類分けしているのかが必ずしも明らかでないため、近年では旋律的特徴で分類していることを示す「melodic mode 旋律様式」という用語を使うことが多くなりました。すなわち、旋法とは何らかの様式感のある旋律であり、それゆえ各旋法にはその様式感からかもし出される響きや雰囲気などがあるといえるのです。

　考え方はとてもシンプルです。様式感のある旋律とは、その旋律を聴いたとき、なんとなくあの旋法かな？　とイメージできることを意

味しています。この課で紹介したヒジャーズ旋法はまさにその典型と
もいうべき旋法で、比較的わかりやすい例です。

　しかし実際には、たとえば、一般によく使われるバヤーティー旋法
の旋律でも、テンポやリズム、そして音域の設定などにより、簡素な
ものから表情豊かなとでもいうべきものまで、そこから創り出される
旋律には表現に幅があります。そのため、多くの歌・曲を聴いてその
中核的イメージをつかめるようになるには時間がかかるものです。そ
れでもなお重要なことは、旋法の名称を各旋法に独特の響きのイメー
ジと結びつけて記憶することであると、この段階では念を押しておき
ましょう。

　とはいいつつ、まだお稽古ははじまったばかりですので、もう少し
身近な例をお話ししましょう。

　ベートーヴェンの交響曲第５番《運命》は、第１楽章の印象的な出
だしでよく知られています。義務教育の音楽の授業で鑑賞教材として
取り上げられることもあってか、あのジャジャジャジャーンではじま
るモチーフはとても有名です（譜例5）。あのモチーフを聞けば、多
くの人が聞いたことがあると思い、クラシック音楽好きの人はそれが
《運命》というタイトルを持つベートーヴェンの交響曲の出だしであ
るとすぐに気づくでしょう。あの旋律を聴いて、それにつけられた名
前を思い出すのです。

譜例5　ベートーヴェンの交響曲第５番《運命》第１楽章　冒頭

　楽曲にはタイトルがあることが多いので、好きな歌や曲が流れれば
すぐにタイトルを思い出す人は多いかと思います。また逆に、タイト

ルのようなキーワードを耳にすると、音楽が思い出されるということもあります。筆者は以前、「サンダーバード」という電子メールソフトを使っていたことがありました。朝、パソコンにスイッチを入れて OS を立ちあげ、さらに電子メールを受信するためにこのソフトを立ちあげていたのですが、そのたびに、1960 年代にイギリスで製作された特撮人形劇『サンダーバード』のテーマ曲の冒頭部分を思い出したものです。また、かつて「雷鳥」と呼ばれていた JR 西日本の特急は、現在では改名されて「サンダーバード」と呼ばれており、人によってはそちらを思い出すこともあるでしょう。

図2　言葉の記号作用

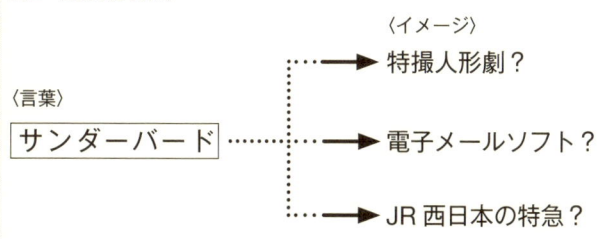

〈イメージ〉

→ 特撮人形劇？

〈言葉〉

サンダーバード …… → 電子メールソフト？

→ JR 西日本の特急？

　このように、キーワードになる言葉を耳にしたり、ときには本で読んだりして何かを思い出すとき、その言葉には「記号」としての作用があるといえます（**図2参照**）。旋法の名称にも類似した作用があり、「ヒジャーズ」という言葉を聞いたとき、アラブ音楽に詳しい人ならば何らかのヒジャーズな響きのイメージが脳裏をかすめるのです。ただ、タイトルのついている特定の歌や曲の場合、たとえば「運命」とくれば特定の旋律（あのジャジャジャジャーンの旋律）が思い出されるのに対して、旋法名称の場合は、タイトルではなくその旋律様式が持つ一定の旋律的響きやそのイメージが思い出されます。この点が若干

異なるので注意しましょう。したがって旋法名称でイメージされるのは特定の旋律そのものというよりも、その旋法の様式感を代表するような旋律的響きであるといったほうが妥当なのです。

　このようなとき「ヒジャーズ」という名称は、その旋法で作られた旋律のイメージと結びつき頭のなかに記憶されています。旋法の名前、すなわち名称は、そうしたイメージと結びつくことで旋法分類の手助けをしているのです。そしてそのように分類できる、すなわち認知できるということは、何らかの形で理論的に説明できることをも意味します。ですので、本書ではイメージ作りの記号として旋法の名称（名前）を重視しつつ、その一方で使用音階と旋律行程（後述）を用いた理論的な説明を施します。録音サンプルを聴きながら旋法のイメージをつかみ名称と結びつけ、さらに理論的説明を読んで考えて、名前から連想するイメージと理論的説明を行ったり来たりしながらアラブ旋法に対するイメージをつかんでほしいと思います。

　みなさんの脳裏にある音楽の部屋に、ヒジャーズやラーストのイメージが響くアラブ旋法の小部屋ができれば、これまでとはひと味違う音楽の楽しみ方が加わり、みなさんの音楽の世界もより豊かなものとなるでしょう。

二つ目の旋法に挑戦しよう

中音域タイプの旋法

　第1課ではヒジャーズ旋法のアザーンを聴きました。第2課では違う旋法のアザーンを聴いて違いを感じてみましょう。

1．二つ目のアザーン
　　ラースト・カビール旋法

　ヒジャーズ旋法のアザーンは、カイロやダマスカス、アレッポ、そしてイスタンブールなど東地中海を取り巻く地域で比較的よく聞かれます。19世紀にはヨーロッパの作曲家がオリエンタルな雰囲気を出すためにその旋律を作品のなかに取り入れたり、1920年代にイスタンブールで調査をしたドイツの音楽学者も採譜を残したりしました。つぎに聴く旋法のアザーンも19世紀初頭にカイロで調査をしたフランスの音楽学者がやはり採譜しており、今日でも広い地域で聴かれます。

　まずダラール先生のウードの演奏で旋律的特徴を確認してみましょう（ サンプル4 ）。よく聴いてこの旋法の雰囲気をつかんでください。

サンプル 4　**ラースト・カビール旋法**　アザーンの旋律（ウードによる）

【演奏】ムハンマド・カドリー・ダラール

録音：2016年9月・アレキサンドリア（エジプト）

　前課の サンプル1 と比べると、旋律の出だしの印象からして、若干違うことがわかるかと思います。人によって感じ方はさまざまですが、ヒジャーズ旋法のほうはどことなく哀愁が漂うと感じるのに対し、サンプル4 のラースト・カビール旋法の響きは適度な明るさを覚

える人が多いのではないでしょうか。アラブ音楽では音楽が私たちに
与える印象や情緒感を非常に重視していますから、旋法の異なるこの
二つのアザーンの旋律をよく聴き比べ、自分なりに違いを感じ取って
みてください。

　では、このアザーンの旋律で重要な響きについて、五線譜を使って
確かめてみましょう。**譜例6-①**はダラール先生の弾く旋律の冒頭部
分を採譜したものです。この採譜はヒジャーズ旋法のアザーンの採譜
と同様に、旋律の大まかな進行過程を記譜しています。

譜例6

① の旋律の冒頭 注1

ドとソが枠組みとなって旋律が形成される

　この旋律で主に使用している音を音階の形にすると**譜例6-②**のよ
うになります。**譜例6-①**と②をよく見ると、シとミに♭ではなく♭
がついています。これはハーフ・フラットといい♭の半分を意味し、
半音の半分、つまり四分の一音下げるという意味の記号です。した
がって、ミ♭はミよりも四分の一音低いことを意味しています。その
ため、レ・ミ♭・ファの音程は、次ページ**譜例7**のようになり、ミの
♭はレとファのちょうど中間、すなわちレからもファからも四分の
三音程のところに位置していると便宜上考えることができます。ただ
し、音程に関してより正確に説明すると、実際の演奏では厳密に四分

注1　録音サンプルの旋律は、譜例よりも四度高く演奏されている。

の一音下げているのではありません。♭に関しては、あくまで ミ♮ と
ミ♭ の間ぐらいに考えておくとよいでしょう。

譜例7 「レーミーファ」の音程関係（ミを四分の一音ずつ下げた場合）

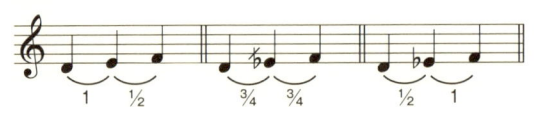

　音程が厳密に四分の一低いか否かよりも重要なことは、この音を用
いた旋律が我々の耳に与える印象です。**譜例7** には ミ♮ と ミ♭ の例も記
入しましたが、ミ♭ を使っているこのアザーンの旋律はそのどちらで
もない雰囲気をかもし出します。アラブ音楽ではこのようなハーフ・
フラットをミとシに使う旋法があり、西洋音楽とはまた違った雰囲気
をかもし出す要素のひとつになっています。

　ハーフ・フラットで四分の一音下げた音を「四分音（しぶんおん）」または「四分
の一音」、アラビア語では「ルブア・サウト rub' ṣawt」などといいま
す。このような半音よりもさらに狭い音程の音を総称して「微分音」
と呼ぶこともあり、その名前からなにやら難しそうに思われがちです
が、何度も聴いて慣れれば音程というよりも聴いたときの印象の違
い、旋律の響きや色合いの違いとして楽しめるようになります。こう
した微妙な響きの違いが、この音程を使う旋法の個性でもあります。

　さて、ここまで確認したところで、もう一度、サンプル4 を聴きな
おして、四分音を使った旋律の響きを確認しておきましょう。さらに
つぎの【参考録音】のアザーンも聴いてみましょう。次ページに挙げ
た【参考録音】は、前課と同様にカイロのムアッズィンの例です。前
課で取り上げたヒジャーズ旋法のアザーンと聞き比べると、二つの旋
法の印象の違いがよりはっきりしてくるでしょう。

【参考録音】　ラースト・カビール旋法　アザーン

ムスタファー・イスマーイールによるアザーン

エジプトのアレキサンドリアでの録音、1958 年。

【参照 URL】

https://soundcloud.com/soha-zydan/adhan7-1958-alexandria

アーディリーエ・モスク（アレッポ、2006 年、筆者撮影）

コラム フレットのないウード

　アラブの伝統楽器といえば、ウードが有名です（**写真1**）。中東という土地柄、ウードの先祖にあたる楽器は古代メソポタミア文明にもさかのぼるとする研究もありますが、その一方で「ウード」という言葉自体はアラビア語では木製の棒などを意味し、それがどのようにしてこの楽器を意味するようになったかはあまりよくわかっていません。西洋と東洋の文化交流史の観点からは、日本の琵琶や西洋のリュートの源流に近い楽器であるといわれています。

写真1　アラブの伝統楽器ウード。ネックにはフレットがない

　リュートよりも身近な楽器としてはギターにも似たウードですが、形状としてはつぎのように表現されます。「ネック（左手で弦を抑える部分）が短く、本体部分（音が共鳴する胴体部分）が洋梨を半分に割ったよう

な形をしている」言い換えると、
ギターならば正面も背面も平らで
すが、ウードは正面は平らでも背
面に膨らみがあるのです（**写真2**）。
イスに座ってウードを膝の上に置
き構えてみると、慣れないうちは
どことなく不安定で、その丸みを
実感します。

写真2　背面は丸みを帯びている

　このような形状のウードには、
音に関するいくつかの魅力や特徴
があります。丸みのある本体部分
から響くまろやかで厚みのある音
は、その魅力のひとつです。もう
ひとつの重要でかつ欠かせない魅
力は、本書で四分音とか微分音と
呼び紹介した微妙な音程が出せることです。ギターに似た楽器といえば、
普通、ネックにフレット、すなわち音程を取るためについている棒状の
突起物があると想像しますが、ウードにはそれがありません。そのため、
半音でも全音でもない、アラブ音楽に使われる微妙な音程を出すことが
できるのです。

　こうした特徴があるため、ウードを弾きこなすにはまず自分で音程を
聴き分け、それをウードで再現する能力、すなわち音感が必要になりま
す。原理としてはヴァイオリンと同じです。そのためなのか、もともと
ヴァイオリンで西洋音楽を勉強していた人が微妙な音程の妙を必要とす
るアラブ音楽に魅せられて、アラブ音楽の勉強をはじめる、ということ
も近年は多いようです。

（写真1、写真2はダラール氏提供）

2．ラースト・カビール旋法についての 詳しい説明

　二つの旋法によるアザーンの印象の違いがわかるようになってきたところで、ラースト・カビール旋法に関してもう少し詳しく学びましょう。

　サンプル4 の冒頭部分である**譜例6-**①（51ページ）をもう一度見てください。この旋律の冒頭部分で使われている主な音は、**譜例6-**②に記されているドレミ♮ファソ（ラーストの小音階）です。そこでつぎに旋律の動きを確かめると、この五音のなかでもソとドが枠組みとなって旋律が形成されていることがわかります。すなわち、ソとドは核音となっているのです。また、ソは旋律冒頭で旋律を引きつけて響いている重要な音であることもわかります。したがって、ラースト・カビール旋法ではソが支配音ということになり、他方、旋律が最終的に収束するのはド音ですから、ドが基音となります。**譜例8** はソ音より高い音も含めたラースト・カビール旋法の使用音階です。ラースト・カビール旋法に固有の響きを創出するのは五線譜下に図形で示したような音域になります。

譜例8　ラースト・カビール旋法の使用音階

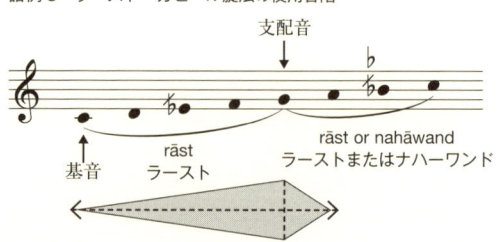

　ヒジャーズ旋法の場合と同じように、ラースト・カビール旋法による旋律、特に旋律の冒頭部分には枠組みになるような音、この場合は基音ドと支配音ソがあり、これらを枠としてドレミ♮ファソの小音階を中心に旋律が形成されています。特にソのほうに重心があるのがラースト・カビールな旋律の傾向です。そのため、**譜例 8** にある図形もソ音付近でもっとも面積が広くなるよう描かれています。ヒジャーズ旋法のときと同じように、このような旋律的響きを聴くと「ラースト・カビール」な情緒感を感じ、ヒジャーズな響きとは区別されているのです。あえて比較してみると、本課の冒頭部分にも少し書きましたが、ヒジャーズ旋法のほうは少し憂いがある、エキゾチックな雰囲気がする一方で、ラースト・カビール旋法のほうはヒジャーズ旋法よりは明るい感じがする……みなさんはどう感じますか？

　ちなみに「ヒジャーズ」はサウジアラビア半島にある地名ですが、「ラースト」はもともとペルシア語で「まっすぐ」なことを意味し、「カビール」はアラビア語で「大きい」ことを意味します。半音よりも広い響きである四分の三音程と全音程を使っていることから、響きとしては比較的変化が少なく、まっすぐな印象を受けるため、このような命名となったのかもしれません。

　いずれにせよ、ヒジャーズ旋法の例も、またラースト・カビール旋法の例でも、各旋法の個性を示すもっとも特徴的な旋律は冒頭部分、すなわち旋律の「開始部」に登場します。その点に注意を払って、聴いたときの印象を「ヒジャーズ」や「ラースト・カビール」という名前と一緒に記憶するとともに、使用音階も確認して知識を確かなものにしておきましょう。

3．ラースト・カビール旋法のカッド

　では、前課と同じようにつぎにアザーンと同じ旋法のカッドを聴いてみましょう。 **サンプル 5** はカッド《ヤー・ティーラ・ティーリー yā ṭīra ṭīrī（おお、鳥よ、飛んでおくれ）》です。ダマスカス近郊の地名が登場することから、シリアやレバノンではよく歌われています。典型的なラースト・カビール旋法で、**譜例 8** の使用音階で確認すると、支配音のソ音が中心になって旋律を展開する内容になっています。その様子に注意しながら聴いてみましょう。

　歌詞は、主人公（女性）が大空を飛んでいる鳥にお願いするところからはじまります。この鳥はメッセージを運んでくれる鳩で、恋人のところに行って、恋人からの愛の印を持ち帰ってほしいと主人公は伝えます。しかしここで、ドゥンマルとハーマという二ヶ所の地名が登場するため、恋人は二人いるのだろうかと考えてしまうのですが……。伝統的には、周囲の了承なしに男女が付き合うのはご法度です。また、洋の東西を問わず二股をかけるのはいかがなものでしょうか。そのようなお騒がせな状況を、鳩を相手に比較的楽観的な印象を与える旋律に乗せて歌っています。

ラースト・カビール旋法
カッド《ヤー・ティーラ・ティーリー》（歌つき）

【演奏】ウラー・ダラール（歌）

　　　　ムハンマド・カドリー・ダラール（ウード）

録音：2016 年 9 月・アレキサンドリア（エジプト）

譜例9　カッド《ヤー・ティーラ・ティーリー》
　　　　※記譜にあたっては、サバーフ・ファフリーなどの歌い方も参考にした

yā ṭī-ra ṭī - rī___　yā ḥa-mā - ma　w in - zi - lī bi-du-m-ma-r

wi-l-hā - ma　　hā-ti lī min ḥib - bī 'a-lā - ma　　sā -

-'a wa khā-tim al - mā-s　yak - fī 'a-dhā-bī ḥa - rā-m wal-lah　a-nā

'a-lā dī - nī　ja-n - na-n-tī - nī　a-nā 'a-lā dī - nī　ja-n-

-na-n-tī - nī 'a - lā　　dī-ni l - 'ish - q ḥa - rām wal - lah

歌詞転写表記

yā ṭīra ṭīrī yā ḥamāma

w(a) inzilī bi-dummar wi (a)l-hāma

hāti lī min ḥibbī 'alāma

sā'a wa khātim almās

yakfī 'adhābī ḥarām wallah

anā 'alā dīnī jannantīnī　（繰り返し）

'alā dīni (a)l-'ishq ḥarām wallah

（以下省略）

片仮名表記

ヤ　ティーラ　ティーリー　ヤ　ハマーマ

ウィンズィーリ　ビ　ドゥンマル　ウィル　ハーマ

ハーティリ　ミン　ヒッビー　アラーマ

サア　ワ　ハーティム　アルマース

ヤクフィー　アーザービ　ハラーム　ワッラ

アナ　アラ　ディーニー　ジャンナンティーニー（繰り返し）

アーラ　ディニル　イシュク　ハラーム　ワッラ

翻訳

おお、鳥よ、飛んでおくれ、おお、鳩よ

ドゥンマルとハーマに降りておくれ

恋人からのしるしをもらって来ておくれ

時計とダイヤの指輪を

苦い経験は本当にもうたくさん

信仰に背いてしまった　あなた〔鳥のこと〕が私を狂わせたのよ

恋の信仰にも背いているわ

【参考録音】　**ラースト・カビール旋法**

カッド《ヤー・ティーラ・ティーリー》（歌つき）

【演奏】シリアの女性歌手ルワイダー・アティーイェ Ruwaydā 'Atiyya/
Rouwaida Attieh の録音（基音は基本位置のドよりも四度下のソ‐）

【参照 URL】https://www.youtube.com/watch?v=2fWcR36T3aY

コラム 伝承歌謡のオリジナルとは？

　今回、いくつかのカッドを楽譜に起こしてふと考えてことがあります。よく歌われていて、それでいてシンプルな旋律。多くの人々が知っています。多くの歌手も歌っています。そのようななかで、カッドに関してはサバーフ・ファフリーの歌唱がある意味でスタンダードになっている観があります。しかし、シンプルゆえに、プロが歌うときは若干、変化をつける傾向もあり、たとえば入りをずらしたり、旋律に少し変化をつけたりすることもあります。では、もともとはどうだったのかと考えましたが、そもそも、譜面に書かれることもなく、人から人へと歌い継がれてきたゆえに「オリジナル」はなく、あるのは骨格部分の旋律のみ。本来ならば「オリジナル」、ないしは一般的なバージョンを譜面にしたいと思いながらも、もとがないのだから無理な話だと気づいたのでした。

　また、同じ旋律で違う歌詞がついていることも比較的よくあることです。宗教詞バージョンと世俗詞バージョンの場合もありますが、ひとつだけでなく、複数あったりすることもあります。また、同じ歌詞でも細部が違うものが存在するなど、異本には事欠きません。

　さらには、44ページのコラムでも触れたように、違う言語の歌詞が存在していたりすることもあります。これは、中東、特にトルコやシリア、イラク、イランなどの多くの民族・集団が混在している地域に顕著です。すなわち、ひとつの旋律に異なる言語の替え歌が存在するのです。このような場合、100年前程度に成立した替え歌であったら成立した経緯などに関してそれなりに伝承が残っていたりしますが、近代以前の歌の場合は、そもそものオリジナルがどの言語なのか知る由もありません。

　その一方で、ひとつの旋律に複数の歌詞ではなく、ひとつの歌詞に複数の旋法の旋律が存在している、たとえば同じ歌詞ではあるものの、バヤーティー旋法版とヒジャーズ旋法版があるというケースもあり、その場合は同じ歌詞であるにもかかわらず趣の異なる歌となります。

第3課

旋法分類の基礎知識を整理しよう

低音域タイプの旋法

第3課では、旋法の分類方法を考えるうえで必要な基礎知識を学び
ます。

「はじめに」で触れましたが、本書では旋法を旋律の動きの特徴に
基づき、「低音域タイプ」「中音域タイプ」「高音域タイプ」の三つの
タイプに分けています。第1課と第2課で学んだヒジャーズ旋法と
ラースト・カビール旋法は、「中音域タイプ」に分類されます。では、
何が「中音域」なのでしょうか？　旋法にも少し慣れてきたところ
で、この三つのタイプのそれぞれの特徴について、まずは学んでおき
ましょう。

　そのあとで、第3課ではまだ学んでいない二つのタイプのうち「低
音域タイプ」の旋法を扱います。これも、まずは録音サンプルを聴い
て特徴をつかみましょう。また、旋法に関する知識としては音楽学的
に非常に重要な二つの要素、「使用音階」と「旋律行程（旋律モデル）」
のうち後者について、上記の録音サンプル（伝承歌謡ムワッシャフ）
をモデルにしてお話しします。

1．三つのタイプ
各旋法にもっとも重要な旋律的響きの音域

「低音域タイプ」「中音域タイプ」「高音域タイプ」とするなら、一
番下の「低音域タイプ」から順に紹介すべきなのかもしれません。し
かし、実際には多くの旋法が「中音域タイプ」や「高音域タイプ」で
あるため、第1課と第2課では中音域タイプの旋法をまずは聴いてみ
ました。ではここで、三つのタイプについてそれぞれの特徴をお話し
ましょう。

　まず、タイプを示す音域、たとえば中音域タイプの「中音域」と

は、何が「中音域」なのでしょうか。これは、各旋法でもっとも重要な旋律的響きを創り出す音域が「中音域」であることを示しています。これまでに体験した旋法では、第1課と第2課で学習したヒジャーズ旋法とラースト・カビール旋法がこのタイプの旋法にあたります。

　確認してみまましょう。各旋法に特徴的な響きとして重視したのは旋律の出だしの部分、すなわち「開始部」でした。ヒジャーズ旋法でもラースト・カビール旋法でも、その開始部に現れる重要な旋律的響きは使用音階に照らしあわせるとおおよそ基音からソ音の音域、つまり低音域から中音域にあり、響きの重心は支配音であるソにあります（次ページ**譜例 10-**②参照）。それゆえ、「中音域」タイプとしました。このような各旋法に重要でかつ特徴的な響きの音域は支配音が中心的な役割を果たす音域でもあり、これ以降、支配音という用語とあわせて「支配的な音域」と呼ぶこととします。

　これに対して、この課で聴く低音域タイプはおおよそ基音付近、すなわち低音域に支配的な音域があり、その例がラースト・カビール旋法とほぼ同じ使用音階を持つラースト旋法です（次ページ**譜例 10-**①参照）。そしてつぎの課で聴く高音域タイプは基音よりもオクターブ上の音域、すなわち高音域に支配的な音域があり、その例がラースト・カビール旋法と同じ使用音階を持つマーフール旋法です（次ページ**譜例 10-**③参照）。このように、同じ使用音階を持つ旋法群であっても、支配的な音域が異なることで各旋法に特徴的な響きが異なるため、それぞれに異なる旋法とみなされ、名前も異なっています。そこで、こうした特徴を説明するために、「低音域タイプ」、「中音域タイプ」、そして「高音域タイプ」と本書では命名し分類しています。

譜例 10　ラースト旋法群に属する三つの旋法とその分類

①低音域タイプ：ラースト旋法の使用音階

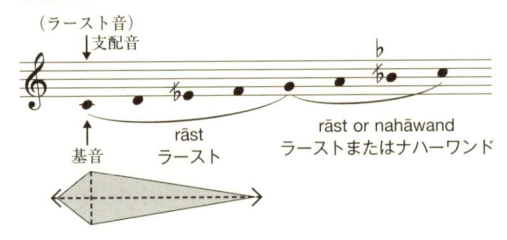

②中音域タイプ：ラースト・カビール旋法の使用音階

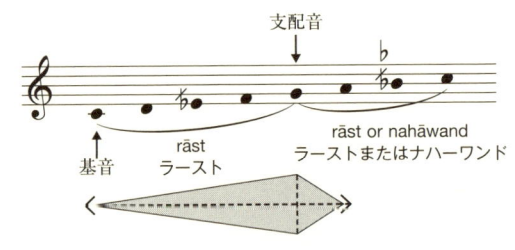

③高音域タイプ：マーフール旋法の使用音階音階

表1にこれらの特徴をまとめてみました。よく読んで確認したら、低音域タイプの旋法は具体的にはどのような旋律になるのか、つぎに紹介するラースト旋法のムワッシャフで確認し、同時に旋律行程についても学びましょう。

表1　各タイプの特徴

	支配的な音域 （各旋法に特徴的な響きの音域）	代表的な旋法
低音域タイプ	支配音が基音と同じで、旋法に特徴的な響きが低音域にある。	ラースト旋法 ウッシャーク・トゥルキー旋法
中音域タイプ	支配音がソないしはラであることが多く、旋法に特徴的な響きは低音域から中音域にある。	ヒジャーズ旋法 ラースト・カビール旋法 バヤーティー旋法
高音域タイプ	支配音が基音のオクターブ上にあり、旋法に特徴的な響きは基音と支配音の間の音域にある。	マーフール旋法 ムハイヤル旋法 ヒジャーズ・カール旋法

2．低音域タイプ：ラースト旋法

　低音域タイプの旋法の場合、**譜例10**や**表1**からわかるように、支配音が基音と同じであるため、その旋法に特徴的な響きの音域、すなわち支配的な音域が低い音域にあります。しかも、その響きは旋律の開始部に現れることまでは学びました。このような特徴を**譜例11**の使用音階で確認して、ラースト旋法の歌である サンプル6 のムワッシャフ《アヒンヌ・シャウカン aḥinnu shawqan（私は熱い想いを抱いている）》をダラール先生のウードの演奏で聴いてみましょう。

譜例11：ラースト旋法の使用音階[注1]

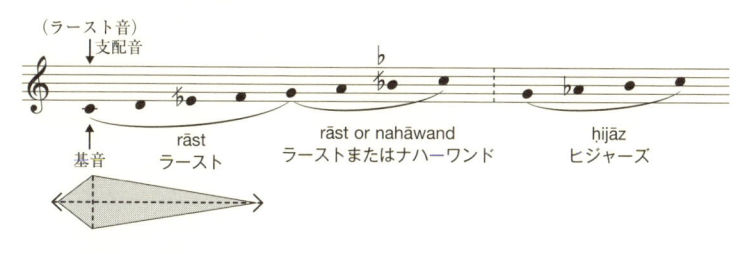

ラースト旋法 ムワッシャフ《アヒンヌ・シャウカン》

【演奏】 ムハンマド・カドリー・ダラール

録音：2016年9月・アレキサンドリア（エジプト）

譜例 12　ムワッシャフ《アヒンヌ・シャウカン》

(A2)

ra - ’a - (a)y -tu fī————————yā nā fī - hā ja - mā-

- la—Sa - l - mā————yā———yā————le - yl

歌詞転写表記

aḥinnu shawqan ilā diyārin

ra’aytu fīhā jamāla Salmā

片仮名表記

アヒンヌ　シャウカン　イラー　ディヤーリン

ラアイトゥ　フィーハー　ジャマーラ　サルマー

翻訳

私はとある土地に熱い想いを抱いている

そこでサルマーの麗しさを見知ったのだ

　開始部では、レドーシ｜ドーレドーシ｜ドーレドと旋律が続きます。**譜例12**でもわかるように、ド音が比較的よく響きながら旋律がはじまっており（**A**）、その音域は**譜例11**の五線譜の下にあるひし形で示されているような部分であることに気づくでしょう。この支配的な音域の響きが終わると、つぎにもう少し高い音域で旋律がはじまり（**B**）、高まりつつも徐々に下降し、そこで最初に聴いた支配的な音域の響きをかもし出す旋律が再度出現して（**A2**）歌は終わります。

「ラースト」という同じ言葉が名前に入っていても、「ラースト旋法」と「ラースト・カビール旋法」では、旋律の開始部で出現する各旋法に特徴的な旋律的響きが異なるため、それぞれに聴いたときの印象が異なり、支配的な音域も異なっていることがわかります。

　ところで、第1課と第2課で聴いたカッドでは、歌が短いこともあり、旋律はあくまで各旋法に支配的な音域のみが使われていました。これに対してこのムワッシャフでは、曲全体でより広い一オクターブほどの音域が使用されています。また、**譜例12**を例に取ると、開始部では支配的な音域で旋律**A**が進行してラースト旋法であることをしっかりと印象づけてからつぎの旋律**B**がはじまり、最後に旋律**A**（**A2**）に戻り基音へと収束する一連の動きがあります。このような旋律の流れを、本書では「旋律行程」と呼び、キーワードのひとつとしています。

　ここまでを確認したところで、もう少し専門的な用語を用いて旋律行程に関して学びましょう。

3．音楽学的説明その2
　　旋律行程とムワッシャフの歌謡形式

　第1課と第2課で録音サンプルとして取り上げた歌は、どちらも短く、また旋律も単純な「カッド」でした。これに対して本課で取り上げた歌は、全体的にカッドより長い「ムワッシャフ」というジャンルの歌です。先に触れたようにカッドは短く、主たる旋律ひとつが繰り返されることが多いため形式を問うことはほとんどありません。しかし、より長いムワッシャフには一定の形式があります。

　まず、旋律開始部で「Aの旋律」が現れてその旋法に特徴的な響き
を提示し、その「Aの旋律」が普通は繰り返されます。つぎに展開部
として新しい「Bの旋律」が現れ、最後にAないしはAに類似した
旋律（A´）に戻って収束します。そのため、ムワッシャフはAABA
形式であると一般的には説明されます。

表2　ムワッシャフの形式　典型例

旋律		アラビア語名	意味
A	開始部	ダウル	順番
A			
B	展開部	ハーナ	柱
A	終止部	ギター	蓋

　アラビア語では**表2**に示したようにAをダウル dawr、Bをハーナ
khāna、戻ってくるAをギター ghiṭā と呼んで区別しています。ダウ
ルが「順番」、ハーナが「柱」、ギターが「蓋」を意味します。ダウル
で基調の旋律がはじまり、ハーナで展開して柱を築き、ギターで蓋を
して曲が終わるといった意味合いですが、通常は一番が終わるとふた
たびダウルの旋律に戻り、二番の歌詞がはじまります。歌詞は二番で
あっても旋律としてはダウルである旋律Aに戻り、AABA形式が進
行してゆくことから、ダウルには自身の番（順番）を守りつつ、旋律
の流れをつぎへと展開させる役割があるといえるでしょう。このよう
な旋律の展開の仕方をアラビア語では「サイル sayr」といいます。サ
イルとは旅の道行きや進行などを意味する言葉です。英語では「旋律
モデル melody model」という用語を使用することもありますが、本
書では、アラビア語の意味を尊重して「旋律行程」という訳語をあて
ました。

　ではつぎに、**譜例12**で旋律がA（A1＋A2）→ B → A2 と進行する際に、どの音域が使用されているかを確認します。

　まず、開始部であるAでは、ラースト・カビール旋法と同じように「ドレミ♯ファソ」のラーストの小音階による音域付近が響いています（**表3**、ダウル）。しかし、「ソ」が支配音であるラースト・カビール旋法と比較すると、ラースト旋法では基音「ド」のほうが中心になって低い音域で旋律が展開している、すなわちドが基音であり支配音であることがわかります（**譜例11**参照）。それゆえ、ラースト・カビール旋法よりももう少し抑えた、ないしは落ち着いた雰囲気で旋律が展開しています。どちらの旋法もラーストの小音階付近が重要ですが、支配音の位置の違いにより響く音域や音が微妙に異なり、それぞれに異なる情緒感を創り出しています。

　このAの部分に関しては、もうひとつ注目したい点があります。**譜例12**に示したようにこの部分は出だしから7小節で構成されていますが、A1とA2の部分に分けることができます。Aの前半であるA1では上述のようにラーストとしての情緒の提示が重要になりますが、後半のA2では、A全体がひとつの旋律単位としてのまとまりを示すために終止感を与えるフレーズ、すなわち基音ドへと向かって終止するフレーズが聞こえます。これをアラビア語で「カフラ qafla [注2]」といいます。このA部分では特に7小節目でこのカフラが響き、A部分を終わらせています。「カフラ」は、ムワッシャフのための用語としては「ギター」、すなわちAABA形式の最後のAにあたる部分を指すこともありますが、その一方で、このような、まとまりを感じさせるひとつの旋律的単位の終止部分に出現する旋律を示すこともある用語です。次章で扱う器楽の即興演奏の分析の際に、再度登場する予定です。

注2　英語ではカデンツ（cadence, 終止形）と説明する。

表3 ムワッシャフ《アヒンヌ・シャウカン》の旋律行程

伝統な用語による説明	小音階の進行	AABA形式
ダウル	ラーストの小音階	A (A1 + A2)
ハーナ	ヒジャーズの小音階　ラーストの小音階	B
ギター	ラーストの小音階	A2

　さて、Aの部分に続くBの部分では、「ソラ♭シド」という少し高い音域を中心にして旋律が進行し、歌のクライマックス部分を作ります（表3、ハーナ）。これがハーナ部分です。そして最後に、ギターの部分で先ほど説明した終止感をもたらすA2の旋律がふたたび登場し、このムワッシャフは終わります（表3、ギター）。A1、A2が現れてつぎにBがはじまり、最後にA2に戻るこのムワッシャフは、典型的なAABA形式といえます。

　ここでひとつ確認します。これまで旋法を音楽学的に説明するときには、「使用音階」をまずは確認しました。しかし、音階だけでは旋法による旋律ははじまりません。そこでどのような旋律になるのか、言い換えるとどのように旋律が展開するのかを説明するのが「旋律行程」です。旋法とはわかりやすくいえば「旋律の様式」ですから、この使用音階を使ってどのような旋律になるのか、そこまで説明しなければ説明が完了したことにはならないのです。そのため、「旋律行程」についての上述のような説明が必要になります。

　この点は特に使用音階がほぼ同じであるような旋法、たとえば本課で取り上げたラースト旋法と第2課で学習したラースト・カビール旋

法を区別する際に非常に重要になります。この二つの旋法は名前だけでなくその使用音階も似ています。しかし、旋律行程が異なることから特徴となる旋律的響きも違い、そのために区別されているのです。

【参考録音】　ラースト旋法　ムワッシャフ《アヒンヌ・シャウカン》

【演奏】サバーフ・ファフリーによる歌唱（基音はレ）

【参照 URL】https://www.youtube.com/watch?v=ZpuLDa2cq_M

コラム　サルマーとは誰？

　この課で学んだラースト旋法のムワッシャフ《アヒンヌ・シャウカン》には、サルマーというアラビア語の名前が登場します。これは普通ならば女性の名前です。したがって、この歌は遠くにいるサルマーに対する熱い思いを歌った歌と解釈できます。その一方で、宗教的に解釈した場合、サルマーとは聖地メッカにあるカアバ聖殿を指し、聖地やカアバに対する篤い思いを歌っていると解釈することもできます。

　このように、アラビア語の伝承歌謡の歌詞はあるときは宗教詩、またあるときは世俗詩と解釈できる両義性を持っているものが少なくありません。第5課で紹介する古典詩も、詩が朗唱される場の性質で宗教詩とも世俗詩とも解釈できる好例となっています。

　こうした歌詞の性質から、《アヒンヌ・シャウカン》のようなムワッシャフは神を思い、その名を唱え、宗教歌を歌うスーフィー（イスラーム神秘主義）の集団儀礼ズィクルでも歌われる一方で、世俗的な場でも歌われます。特に、《アヒンヌ・シャウカン》の場合、大切な人のいる土地を思う歌詞は、内戦で住み慣れた土地を追われた人々の思いとも重なり、上述のような恋愛歌としてだけでなく、望郷の歌とも解釈できるかもしれません。

ファラーフィラ街区にあるイスラム学院の門（アレッポ、2006 年、筆者撮影）

4．名前のついている音的響き
音名、小音階名、旋法名

さて、これまでにラースト旋法やラースト・カビール旋法の使用音階でもっとも重要な小音階であるドレミ♭ファソにはラーストという名前がついていると紹介しました。また、第1課で取り上げたヒジャーズ旋法の場合も、もっとも重要な小音階レミ♭ファ♯ソにはヒジャーズという名前がついていました。このように、小音階には名前がついており、よく知られている旋法の場合、小音階名と旋法名が一致していることが多くあります。

さらに付け加えると、アラブ音楽にはアラブ式の音名もあります。たとえばド音には「ラースト」、ソ音には「ナワー」という名前がついています（詳しくは後続ページを参照してください）。後者はアラビア語で「核」とか「中心」といった意味です。ソ音はヒジャーズ旋法やラースト・カビール旋法などで支配音として使われ、旋律の「核」となる音です。音名の意味やニュアンスがその音の機能と一致しているのです。すべての名前（名称）がこのような意味を持っているわけではありませんが、たいへん興味深いですね。

ところで、音名や小音階名などについてその由来や名称が付されている響きの機能を考えると、「ラースト」に関してはたいへん面白い現象が見いだせます。図3にあるように、「ラースト」という言葉は、音名、小音階名、そして旋法名に使われています。では、ラースト旋法の旋律にはどのような特徴があったでしょうか。もっとも特徴の出る旋律の開始部を思い出しましょう。ド音、すなわちラースト音を中心に、ラーストの小音階が響きながら旋律がはじまり、ラースト旋法に特徴的な響きを形成していました。こうした条件が重なるとラース

ト旋法の旋律がはじまったという印象を抱き、「ラースト」なイメージを抱きます。音名、小音階名、旋法名につけられている「ラースト」という言葉が連動して、「ラースト」な響きのイメージを創り出すように関連づけられているのです。

　このように、「ラースト」な響きを理論的に分析すると、それは楽音（音名）、小音階、そして旋法という音楽学的現象として説明でき、図3の右側のようになります。これは、ラースト旋法による旋律の音楽学的な解釈です。その一方で、アラブ音楽に精通している人々は、むしろアラブ文化が「ラースト」と呼んでいる情緒を感じさせる響きとしてイメージします。これは、アラブ文化のなかで成立しているイメージであることから、その文化に内在する解釈になります。

図3　名称「ラースト」のイメージ

アラブの基本音階と音名

この課で簡単に触れたアラブ式音名について、もう少しお話ししましょう。

譜例 13 は主な音域の音名です。音名はソ−音からソ＋音の二オクターブの範囲の音につけられていて、同じ名前が重複することはありません。たとえば、**譜例 13** でド音は「ラースト」ですが、オクターブ上のド＋音は「キルダーン（ないしはマーフール）」といいます。また、日本ではイタリア式音名のドレミを階名唱（いわゆる移動ドによる階名唱）によく用いますが、アラブ式音名はそうした使い方はしません（一つひとつの音名の音節が長いので、やろうとしてもできないのですが）。その代わりに先に触れた「ラースト」の例のように、何らかの音的響きや旋律的響きと音名が関連づけられていることが多いのです。

譜例 13　アラブ音楽の基本音階（主要部分）

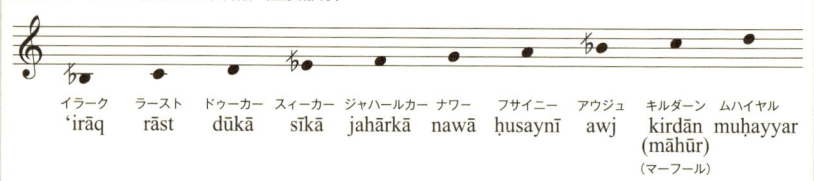

イラーク	ラースト	ドゥーカー	スィーカー	ジャハールカー	ナワー	フサイニー	アウジュ	キルダーン	ムハイヤル
'irāq	rāst	dūkā	sīkā	jahārkā	nawā	ḥusaynī	awj	kirdān (māhūr)	muḥayyar
								（マーフール）	

譜例 13 をよく見ると、ミとシがナチュラル（♮）ではなく、ハーフ・フラット、すなわちミ♭音とシ♭音になっています。この二つの音に関してはアラブ音楽ではハーフ・フラットになる傾向があり [注3]、

注3　五線譜ではハーフ・フラットを使用しているが、たとえばシ音の場合、正確にシ音から四分の一音下がっているのではないことを強調しておく。あくまでシ音とシ♭音の間の音であるため、便宜上、ハーフ・フラット記号が使われていると考えるのが妥当である。

譜例13のような音階が基本とみなされ「基本音階」と呼ばれています。ラースト・カビール旋法はこの音階をそのまま使っている例です。

　先ほどの「ラースト」の例のように、音名には旋法の名前と同じものも多くあります。また、ラースト音のように旋法の支配音となり旋律の開始部で各旋法に特徴的な響きを創出する役割を担っていることもありますが、基本音階にあるすべての音がそのような機能を持っているわけではありません。詳しくは、第4課と第5課を学習したのちに巻末の旋法リストで確認してください。

小音階の種類と名前

　さて、ラースト旋法の説明で、ドレミ♭ファソの小音階には「ラースト」という名称がついているとお話しました。小音階はほかにもいくつか種類があり、次ページの図4に主なものを挙げました。この八つの小音階はアラブ諸国の音楽学校で一般に教えられているものです。ほかにも小音階と認識されているものはありますが、ここにはもっとも基本的と思われるものを掲載しています。また、このような小音階のことをアラビア語で「種類」を意味する「ジンス jins」と呼びます。小音階をそれぞれに性質の異なるものとみなし分類しているため、ジンスと呼んでいるともいえる一方で、小音階から形成される旋律やその響きをひとつのまとまりと考えて分類しているともいえるでしょう。それぞれに何らかの特徴や個性があると感じるゆえに、名前をつけているのです。

　図4で注意すべき点は、すべての小音階が譜例13の基本音階をもとにした位置、すなわち「基本位置」に置かれていることです。これはあくまで「基本位置」であり、たとえば譜例11のラースト旋法の

使用音階に見るように、ド音からはじまっているラーストの小音階は基本位置にありますが、ソ音からはじまる位置にもあります。このようなときに重視すべき点は、どちらの場合でも枠組みとなる音が核音であることです。

　また、ラーストやナハーワンドの小音階は四音音階の場合と五音音階の場合があるため、**図4**では第五音をカッコに入れました。ほかにも、三音音階の場合と四音音階と解釈できる場合のあるアジャムも第四音をカッコに入れました。

　いずれにせよ、**図4**ではラーストやバヤーティーなどの名前を小音階の名称としていますが、もともとはその音階をもとに形成される旋律的響きに名称がつけられていることを忘れないようにしましょう。旋律的響きに名前がつけられ、その響きのもとになっている音を並べると**図4**のような小音階になるのです。

図4　主な小音階（ジンス）の種類と形態

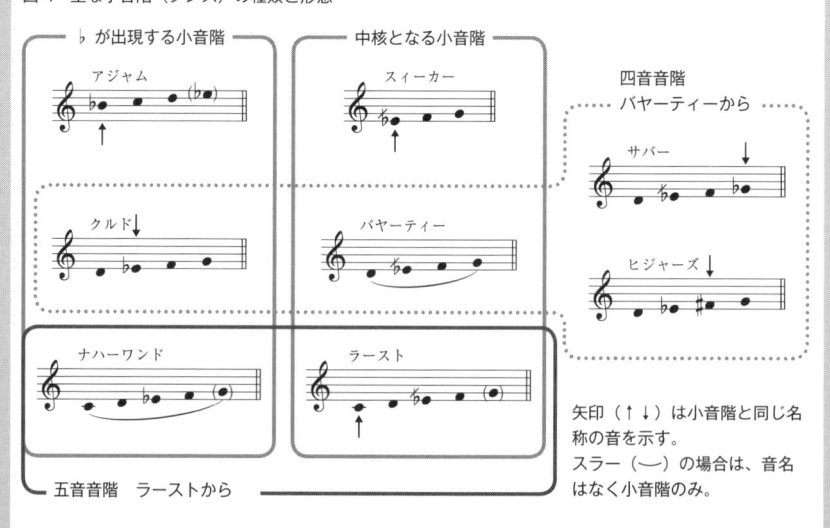

　これらの小音階は先に紹介したように実際には旋律的響きとして覚えるべきですが、譜面になっている利点も利用してこれらの把握の仕方をバヤーティーの小音階をもとにして考えてみましょう。

　図4の中央にあるバヤーティーの小音階はミ音がハーフ・フラットで、ラーストの小音階と同じようにアラブ音楽の基本音階をそのまま使っています。先に説明したように小音階の両端であるレ音とソ音は核音になります。しかし、同じようにレとソが枠組みとなる**図4**の中段にある小音階でも、バヤーティーの小音階のミ♭音をさらに低くしてフラットにすると、左側のクルドの小音階になります。そのクルドの小音階のファ音を半音高くすると、中段の右側にあるヒジャーズの小音階になります。バヤーティーの小音階に再度視点を戻して、つぎにバヤーティーの小音階のソ音を半音下げると、右側上段にあるサバーの小音階になります。ただし、サバーの小音階の場合は、両端が核音ではなく、レ音以外の核音はファ音になるので注意してください。

　つぎに、バヤーティーの小音階を構成する核音のうちソ音をそのままにして低いほうの核音を一音下げてド音にすると、下段にあるラーストの小音階になります。ラーストの小音階のミ♭音をさらに下げてフラットにすると、左側のナハーワンドの小音階になります。

　ちなみに、**図4**ではバヤーティーとナハーワンドの小音階以外には特定の音に矢印が付されています。それらは小音階と同じ名称を音名に持つ音です。ラースト音、アジャム音、スィーカー音はそれぞれの旋法の支配音でもありますが、サバー音、ヒジャーズ音、クルド音には特定の理論的な役割はありません。また、これら三音は基本音階上にもありません。これらの音が使用されるのは、主にそれぞれの名称の旋法で、それゆえそれぞれの旋法に特徴ある響きとみなされて旋法と同じ名称がつけられていると解釈できるでしょう。

コラム 口伝の伝承歌謡、変わる部分、変わらない部分

　本課で聴いたムワッシャフ《アヒンヌ・シャウカン》ですが、筆者も10年以上前にダラール先生から習い、4、5回はダラール先生の伴奏で何らかの機会に歌った記憶があります。その際に少々驚いたのは、ダウルの部分、すなわちAの部分はほとんど変わらないのですが、ハーナの部分、すなわちBの部分は聴くたびにどことなく違っていたことです。今回も録音した内容を確かめると、たしかに以前と微妙に異なっていました。

　その理由のひとつとしては、まず、いわゆるAABA形式のAの部分が変わりすぎると「ラースト」的な情緒感が失われかねないのに対して、Bの部分は、最後にAに戻れる限り、そして低い音域で歌われるAと比較して高音域でクライマックスを感じさせる限り、変化をつけても問題がない部分であるからなのかと思います。また、このムワッシャフに限っていうと、Bの部分が歌詞ではなく「ヤー、レイル yā leyl」(「おお、夜よ」の意で、歌の合いの手としてよく使われる) などであることからも、旋律を変えやすいのかもしれません。

　アラブ音楽では一般に旋律が固定的でないのも事実で、たとえば繰り返しが多いことで有名なウンム＝クルスームの演奏などは繰り返しても歌うたびに違うなどといわれ、ダラール先生の演奏も「聴くたびに違う」といわれることがあるようです。しかし、もちろん根本的にガラッと変わってしまうのではなく、このラースト旋法のムワッシャフならば、もっとも重要なラースト旋法的特徴が失われない範囲内で旋律の流れが揺らいでいるという感じなのかもしれません。そうしたある意味での節度ある「あそび」が可能なのは、歌い手や演奏者がこの音楽の特徴に通じているからにほかなりません。

第 4 課

即興演奏を体験しよう

高音域タイプの旋法

これまでに「低音域タイプ」と「中音域タイプ」の旋法を体験しました。つぎは「高音域タイプ」、すなわち高音域に特徴がある旋法です。

1. 高音域に支配音がある旋法
マーフール旋法

同じ使用音階、特に基音からはじまる小音階（第一小音階）を共有している旋法グループを本書では「類縁旋法」と呼び、第3課のラースト旋法と第2課のラースト・カビール旋法がこのような関係にあります。この課で扱うマーフール旋法もこれら二つの旋法と第一小音階を共有し使用音階もほぼ同じであることから類縁旋法とみなすことができ、この三つは「ラースト旋法群」というひとつのグループとして扱われることがよくあります。

そのなかでも、マーフール旋法は高音域に支配音がある高音域タイプの旋法です。マーフールとはド⁺音の音名でもあり、ラースト旋法と同じように支配音名が旋法名になっている例です（76ページ参照）。どのような旋律的特徴があるのか、《ヤー・マーリッ・シャーム yā māl ish-shām（おお、シャームの宝よ）》というカッドで検討しましょう[注1]。

注1　作曲者は19世紀後半にシリアで活躍したアブー＝ハリール・カッバーニー（Abū Khalīl al-Qabbānī, 1835-1902）といわれている。

譜例 14　マーフール旋法の使用音階

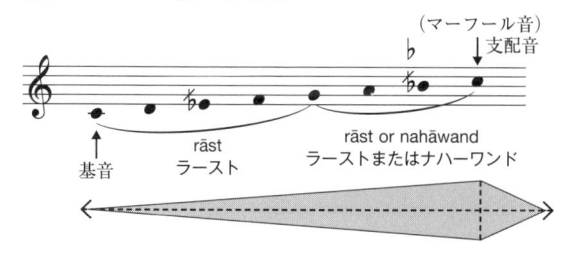

　実際にカッドを聴く前にマーフール旋法に関しても、まず使用音階を確認して支配音の位置を確かめます（**譜例 14**）。使用音階は、ラースト旋法やラースト・カビール旋法と同じですが、支配音はラースト旋法がド音、ラースト・カビール旋法がソ音であるのに対して、マーフール旋法ではド⁺音になります。よって、これまで学習した法則では、旋律の開始部では基音からオクターブ上のド⁺音がまず響き、さらにいえばド⁺を核音として持つ第二小音階（基音から二つ目の小音階）が支配的な音域ということになります。

　では、こうした点を念頭において サンプル7 を聴いてみましょう。

　サンプル7 はダラール先生のウードによる演奏ですが、カッド《ヤー・マーリッ・シャーム》の前に前奏にあたる短い器楽曲が挿入されています。器楽曲にはいくつかのジャンルがありますが、この曲は「ドゥーラーブ dūlāb」というジャンルの曲です。歌の前に演奏されることが多く、歌に入る前に情緒感を整え、歌いはじめるための環境を準備する役割を果たしています。そのため歌と同じ旋法ないしは類縁旋法で演奏され、この器楽曲の部分も サンプル7 《ヤー・マーリッ・シャーム》と同じマーフール旋法で作られています。まずはこの部分の旋律的特徴を確認しましょう（次ページ**譜例 15**）。

サンプル 7 　マーフール旋法　カッド《ヤー・マーリッ・シャーム》

【演奏】ムハンマド・カドリー・ダラール

（ウードのみの演奏、導入部は譜例 15 のドゥーラーブ）

録音：2016 年 9 月・アレキサンドリア（エジプト）

譜例 15　　サンプル7 の前奏、ドゥーラーブ部分

　譜例 15 では、ド⁺からはじまる旋律がオクターブ下のドに流れ落ちてゆきながらもまたド⁺へと戻る、この動きが二小節単位で全部で三回繰り返されます。旋律が高音域から流れ落ちてはまた昇っていく、そんな様子が録音サンプルから聴き取れるかと思います。典型的なマーフール旋法の開始部です。この点に注意して、続けて歌の旋律も聴いてみましょう。

　先にも触れましたが、これまでは曲の開始部にその旋法に特徴的な響きの旋律が現れ、それは使用音階では支配音とその支配音を核音として持つ小音階による響きであることを学習しました。マーフール旋法の場合、**譜例 14** の使用音階に見るように、支配音は基音のオクターブ上にあり、同じ原則ならばソ音からド⁺音の小音階とそのなかでも高音の核音であるド⁺音寄りの音域が重要になります。しかし、先に前奏にあたる器楽曲部分で見たように、次ページ**譜例 16** の《ヤー・マーリッ・シャーム》の旋律でも、開始部で支配音のド⁺音が十分に響くことは上記原則のとおり重要ですが、そのあと、旋律はどちらかというとド⁺からオクターブ下の基音ドに流れ落ちゆき、支配音から基音までのオクターブの音域でこの旋法に特徴的な響きを形成していることがわかります。

　以上のことから、各旋法に特徴的な響きは実際には「支配音と基音の間の音域（支配的な音域）」で形成され、マーフール旋法の場合は、図にするとさしずめ**譜例 14** の使用音階の下方にある図形のようにイメージできるのではないでしょうか。

譜例16　カッド《ヤー・マーリッ・シャーム》

サンプル7 のウードによる演奏の順序どおりであるが、ウードの演奏そのものの採譜ではなく、一般的な歌い方を重視して記譜している。

歌詞転写表記

A　yā māl ish-shām yāllah yā mālī
　　 ṭāl il-maṭāl yā ḥilwa taʿālī

B1　yā māl ish-shām ʿalā bālī hawāki
　　 aḥlā zamān qaḍētu maʿāki

サンプル⑦ではこの二節
が演奏されている

B2　waddaʿtīnī ʿahattīnī

B3　mā tinsīnī wa lā ansāki
　　 mahmā tughībi sinīn wa layālī

　　 ṭāl il-maṭāl ṭāl wa-ṭawwal
　　 mā bitghayyar wa lā bitḥawwal
　　 mishtāʾleki yā nura ʿuyūnī
　　 ḥattā naʿīd iz-zaman il-awwal
　　 yallāh taʿāli kafāki taʿālī

片仮名表記注2

ヤー　マーリッ　シャーム　ヤッラ　ヤ　マーリー
ターリル　マタール　ヤ　ヒルワ　タアーリー
ヤー　マーリッ　シャーム　アラ　バーリ　ハワーキ
アフラ　ザマーン　カデートゥ　マアーキ

ワッダアティーニー　アハッティーニー
マー　ティンスィーニ　ワラー　アンサーキ
マフマ　トゥギービー　スィニーン　ワ　ラヤーリー　（以下省略）

注2　長母音・短母音は単語そのものの母音の長さよりも歌う際の旋律のリズムにあわせて表記してある
　　 ため、ラテン文字転写表記とは異なることがある。

翻訳

おお、シャームの宝よ、おお、私のものよ

長い時が経ってしまった、おお、美しい人よ、私のもとに戻って
おいで

おお、シャームの宝よ、私の記憶にはお前の愛があり

お前と過ごしたもっとも美しい日々がある

お前は私に別れを告げたが、誓ってくれた

私のことを忘れないと、私もお前のことを忘れはしない

たとえお前が何年もそして幾夜もいないとしても

長い時が経ってしまった、長かった

私は変わらない、私は変わったりしない

我が瞳の光よ、お前が私とともにいないのが寂しい

だから、初めて出会ったときを取り戻そう

さあ、おいで、もう十分だろう、私のもとに戻っておいで

　つぎに、歌詞に少し注意を払ってみましょう。

　この歌はシリア方言（口語）のアラビア語で歌われています。歌詞に歌われているシャームとはここではシリアの首都ダマスカスを指していますが、文脈によっては現在のシリア全体やさらにはレバノンなどを含んだ歴史的シリア地域をも示しうる言葉です。この歌では、離れている恋人を「シャーム地域」の宝にたとえて、会えない思いを熱く歌っていると解釈できるでしょう。

　では、この熱い思いが込められている旋律のほうに、再度注意を払ってみましょう。

　譜例 16 では旋律をムワッシャフのように A と B に分けています。これは第 3 課で《アヒンヌ・シャウカン》を分割して考察したときと同様に、旋律のまとまりを考慮した単位です。よって、それぞれのまとまりの終わりには第 3 課で学習したカフラ（終止形）が登場します。**譜例 16** をよく確認すると、A の 3・4 小節目に出てくる基音へと戻るカフラが、B1 の 9・10 小節目、B3 の 15・16 小節目と 19・20 小節目にも登場し、最後に戻った A でも 23・24 小節目に登場して歌全体が終止しています。譜面だけを見ていると、歌の半分近くはカフラなのではないかと思ってしまうほどです。

　この繰り返しの多さは、繰り返しが多いことで有名な 20 世紀エジプトの大歌手ウンム＝クルスームの歌唱スタイルとよく似ています。慣れないうちはくどいと感じるかもしれませんが、繰り返される旋律に乗せて熱い思いがじわりじわりと語られているのです。

　その一方で、A で提示されたマーフールな響きに後続する旋律群 B（B1, B2, B3）は、B1 でまず旋律がさらに高音域に上ることで微妙に変化をつけてカフラに戻り、つぎの B2 ではマーフール的な響きに若干戻りながらつぎに移り、続く B3 では B1 と比較するとさらに微妙に変化をつけ、最終的に A に戻ります。まったく同じことを繰り返しているのではなく、旋律的響きを微妙に変えながら全体は進行してゆきます。

　どの旋律もそれ自体はたいへんシンプルですが、微妙な変容を遂げながら進行してゆく旋律が聴衆の前で展開されるとき、それは演奏されている旋法の情緒感や雰囲気でコンサート会場を満たし、聴き手の耳を、さらには心をも満たしてゆきます。それが「はじめに」でお話した「タラブ」をもたらすひとつの要素でもあり、アラブ旋法音楽の特徴の重要な一部ともなっています。

　サンプル7 では前奏のドゥーラーブの部分からカッド《ヤー・マー

リッ・シャーム》まで、支配音に留まりながらも基音へと下降してい
く旋律に特徴のあるマーフール旋法を聴きました。同じような旋律形
成をする旋法にムハイヤル旋法やヒジャーズ・カール旋法、ヒジャー
ズ・カール・クルド旋法、そしてアジャム・ウシャイラーン旋法など
があります。

　ここで取り上げたカッド《ヤー・マーリッ・シャーム》にはサバー
フ・ファフリーによる録音がいくつかあり（本書巻末「1.　録音案内」
の ⑧CD など）、「はじめに」で紹介した Spotify や YouTube にも登録さ
れています。こうした録音では歌詞の第三節までが歌われており、第
三節ではアジャムやサバーなどの小音階を用いて少し響きを変えて異
なる雰囲気をかもし出し、ふたたびマーフール旋法に戻って終わって
います。なお、下記の【参考録音】はシリアでのコンサートの録画
で、カッドなどの歌と即興歌唱を組み合わせて歌われています。

【参考録音】　マーフール旋法　カッド《ヤー・マーリッ・シャーム》
　　【演奏】サバーフ・ファフリーによる
　　【参照 URL】https://www.youtube.com/watch?v=XfoQ5QsvFQo
　　　　　　　　14：51 あたりから《ヤー・ティーラ・ティーリー》
　　　　　　　　26：42 あたりから《ヤー・マーリッ・シャーム》

2．器楽の即興演奏「タクスィーム」を体験
同じ旋法でも解釈には幅がある

　前項では、マーフール旋法によるドゥーラーブとカッドを聴きました。同じ旋法であることから、開始部の旋律にはどちらも同じような特徴、すなわち支配音やその付近で旋律がはじまりながらも下降し、また上昇したりする特徴が聴こえました。すなわち、どちらの旋律にも同じような旋律の流れがあり、似通った響きで進行しているとわかります。ということは、同じ旋法だとみな似たような旋律になるということでしょうか。あえていえば、答えは「はい」でもあり「いいえ」でもあります。

　たとえば、このつぎの第5課の録音サンプルに含まれるバヤーティー旋法やフサイニー旋法は旋法のパターン分類では中音域タイプに分類でき、歌や曲の数が比較的多い旋法です。そのいくつかを聴き比べてみると、みな違うような印象を受けるかと思います。その一方で、その旋法らしさを創出する支配音やそれと連動する小音階などは各旋法に固有のものであるため、よく聴くと、それぞれの旋法に固有の響きから生じる特徴は、同じ旋法による旋律群ならば共有していることが感じられます。

　これに対して、特に先に見たマーフール旋法のような高音域タイプの旋法群は基音よりもオクターブ上に支配音があるため、響きだけでなく旋律の動き自体も中音域タイプと比較すると若干制限されます。すなわち、このタイプの旋法は、基音よりオクターブ上の支配音に引かれながらも旋律は基音へと下降してゆくという、このタイプの旋法に特徴的な旋律パターンから逃れることができません。そのため、マーフール旋法の複数の旋律を比較すると、なんとなく類似度が高い

気がするという状況が生じます。先に聴いたドゥーラーブと《ヤー・マーリッ・シャーム》の場合も、実際の旋律の動きは違うけれども、その骨格部分は似たような動きをしており、そのため旋律全体の印象は非常によく似ていると感じられるのです。つまり、旋律は違うけれど、同じ旋法による旋律ならば煎じ詰めるとその旋法独特の響きを共有しているといえるでしょう。これが、「はい」でもあり「いいえ」でもあるといった理由です。この点を、再度マーフール旋法による旋律を聴き、確かめてみましょう。

　参考にするのはイラクのウード奏者ムニール・バシールによるソロ演奏で、アラビア語では「タクスィーム taqsīm」と呼ばれる器楽の即興演奏です。残念ながらこの演奏に関しては音源サンプルをつけて直接ご紹介することができませんが、試聴する方法はいくつかありますので機会があったらぜひ聴いてみてください[注3]。

　ここでは、この演奏の開始部を採譜した**譜例 17** をもとに見てゆきましょう。使用されている旋法はイェカー・アウジュ Yekah et Aoudj 旋法であると CD の解説には書かれていますが、実質的にはマーフール旋法と同じ特徴を持っています。

譜例 17　イェカー・アウジュ旋法のタクスィームの開始部

注3　本書巻末「1. 録音案内」の ⑩ に収録されている。パリにある世界文化会館 Maison des Cultures du Monde での 1988 年のライブ録音。アマゾンなどで CD・MP3 が販売されている一方で、Spotify にも登録されている。Yekah et Aoudj はフランス語風の綴り。

　「ラシ♯ド⁺ド⁺」と旋律がド⁺音まで上りきってはじまる、たいへん
印象的な冒頭ですが、すぐにオクターブ下のド音が響き、核音である
ソ音やその三度下のミ♭音が途中を橋渡ししつつ下がり、再度、オク
ターブ上のド⁺音へと上昇します。つぎに旋律はもう少し細かな動き
となってオクターブ下のド音まで下降し、さらにド⁺音へと上昇しては
また下降してゆきます。基音ドから支配音ド⁺まで上昇し基音ドへと
下降してゆく様子は《ヤー・マーリッ・シャーム》よりもドゥーラー
ブの例のほうに近いかもしれません。しかし、旋律の動きや響きを非
常に単純化して比較すると、この三つは同じ旋法、すなわち本書では
「マーフール旋法」と呼んでいる旋法であることがわかります注4。

　しかし、細部を検討すると四分音（微分音）の音程がアレッポのそ
れよりも若干高めで、前項で録音サンプルとして聴いたアレッポの
カッドで使用されているマーフール旋法よりさらに明るい印象を受け
るかもしれません。それでも、旋律的特徴をごく単純化して捉えると
マーフール旋法であることがわかるのです。

　このように、実質的には同じ旋法でも東アラブ地域のなかで旋法の
名前が異なることがあります。しかし、名前は異なっても実質的には
同じ旋法ならば、何度も聴いてすでに知っている旋律と聴き比べると

注4　今日では録音の入手が難しいためここでは例として挙げなかったが、ダラール先生によるマーフー
　　ル旋法のタクスィーム（即興演奏）がアンサンブル・アル゠キンディーの録音にある（本書巻末「1.
　　録音案内」の ① を参照）。この演奏は組曲形式の一部であるためたいへん規範的なタクスィームと
　　なっているが、開始部で「ソド⁺シ♭ラシ♯ド⁺」とド⁺音へと向かって旋律が上昇しては下降してゆ
　　き、マーフール旋法の特徴を遺憾なく発揮している。冒頭でド⁺音へと向かって旋律が鋭く上昇する様
　　は、ここで取り上げたムニール・バシールによるイェカー・アウジュ旋法によるタクスィームの演奏と
　　よく似ているが、これはどちらかが真似ているということではなく、二人ともこの旋法に対して類似し
　　たイメージを抱いているためである。

共通点があることが徐々にわかってくる、徐々に聴こえてくるのです。

　ところで、ムニール・バシールによるこの演奏のような、器楽の即興演奏「タクスィーム」は、一般に日本語では「即興演奏」と翻訳されています。しかし、それはいわゆるなにもないところから生まれる「即興」ではなく、この演奏のように設定されている旋法の特徴が十二分に発揮されるものが理想とされます。よって、アラブ音楽で即興演奏に慣れ親しむには、まず、各旋法の特徴を十分に把握しておく必要があるのです。本書で録音サンプルとして使用しているカッドやムワッシャフは、そのための有効なツールといえるでしょう。

コラム アレッポの伝統を支えたサフラ

　アラブ・ムスリム社会では音楽はあまり推奨されていないと、37ページのコラムでご紹介しました。しかし、アラブ諸国を旅行すると、巷には歌や音楽があふれ、テレビでは歌手のオーディション番組が放送されています。音楽好きの人々が多いのは事実でしょう。かつて、レバノンやシリアでは、ラジオやテレビで朝はファイルーズの歌が流れ、夕方から晩にかけてはウンム＝クルスームの歌が流れ親しまれていました。生活の一部となっていたのです。これらはメディア時代の音楽ですが、それ以前から続く音楽の伝統は、本文26ページでも紹介した、夕べのひとときに友人、知人、家族や親族が集まるサフラで楽しまれていました。

　サフラとは、そもそもは、音楽が関係しているか否かに関わらず、夕方から晩にかけての私的な集まりを意味するアラビア語です。アレッポでは、食べ物を持ちよって定期的に女性だけが集まる会などがかつてはおこなわれており、娯楽の少ない時代の楽しみでもありました。男性の集まりもあり、筆者が外国人ということで女性でありながらも体験したものでは、国内外の政治の話から家族や親族の動向まで、幅広い話題が交わされていました。

　歴史をひも解いてみると、文化的なサロンとしての役割もあったようで

す。19世紀末から20世紀初頭にかけて文筆活動をおこない、アラブ世界の女性作家のさきがけの一人として知られているマリヤーナー・マッラーシュ（1848-1919）は、旧市街の自宅で夫とともに当時のアレッポの文化人を招いてサフラをおこない、ときには彼女がカヌーンを演奏しながら歌ったともいわれています。また、サフラで町の外からのお客さまをもてなすこともあり、20世紀初頭にはエジプトから来た賓客が当時のアレッポの名士の館でもてなされた記録があります。今日の例としては、内戦前（2011年以前）に隣国トルコの外相がアレッポを訪れたとき、アレッポ知事がサフラを催し、本書のサンプルを録音してくださったダラール先生も呼ばれ、歌手や他の音楽家たちとともに大臣の御前で演奏したこともあったそうです。

　大臣が臨席するような例はまれですが、サフラは多くの場所でおこなわれ、人々の生活を彩ってきました。ユネスコの世界遺産にも登録されているアレッポの旧市街には、とりわけ古い伝統が残っていました。日本人にも馴染み深いシルク・ロードの西のはずれにあるアレッポは、東西交易で栄え、旧市街には立派な隊商宿（キャラバン・サライ）だけでなく、中庭を囲む形で作られた住宅には豪商の建てた豪華なものもあり、そこに人々は集まって一日の終わりを楽しんでいたのです。

　旧市街に店を持ち、布などを扱う商売をしていたある一家は、歌手や音楽家を招いて定期的にサフラをしていたことで有名でした。この家の年配の主（あるじ）が音楽好きで、そのサフラにはドイツやフランスの研究者が訪れたこともあったそうです。あるとき、このおじいさんは風邪でも引いたのか高熱を出し、安静にしている必要がありました。しかし、その日はサフラをする予定になっていたため、なにがなんでも参加するのだと言いはり、家族の心配をよそにサフラに出席しました。するとどうしたことでしょうか。熱があったはずにもかかわらず、歌の会が進行するにつれ、あれよあれよと元気になってしまったそうです。これは息子さんから聞いた話です。アレッポの歌の伝統を支えていたのは、東西交易で栄えた富だけでなく、このおじいさんのような熱心な愛好家でもあったのでしょう。

3．ヒジャーズ・カール・クルド旋法の旋律

ではこの課の最後に、マーフール旋法と同じ高音域タイプの旋法、ヒジャーズ・カール・クルド旋法の曲を聴いてみます。録音サンプルは二つ用意しました。カッド《アイユハー・アル＝ムウジャブ ayyuhā al-mu'jab（おお、おごれるものよ）》（**サンプル8**）と、ウードのタクスィーム（即興演奏）（**サンプル9**）です。

この旋法の使用音階はつぎのようになっています（**譜例18**上段）。ただし、録音サンプルのカッドとタクスィームの基音は譜例より三度低いラ‐音になっています（**譜例18**下段）。先のマーフール旋法と同じように、旋律が基音からオクターブ上の支配音付近からはじまり、徐々に流れ下降していくのが特徴です。

譜例18　ヒジャーズ・カール・クルド旋法の使用音階

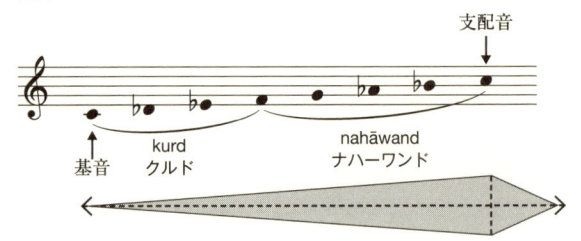

　まず、カッドを聴いて、この旋法による旋律の響きの特徴や下降してゆく動きに十分馴染んでみましょう。

ヒジャーズ・カール・クルド旋法

カッド《アイユハー・アル＝ムウジャブ》

【演奏】ムハンマド・カドリー・ダラール

録音：2016 年 9 月・アレキサンドリア（エジプト）

譜例 19　カッド《アイユハー・アル＝ムウジャブ》

　そして可能ならばネット上などでファイルーズの歌《ナッサム・アライナー・アル＝ハワー nassam 'alaynā al-hawā（我々に風が吹いた）》[注5] も聴いてみましょう。バージョンによって異なることもあるよ

注5　「nassam alayna al-hawa」などの綴りで検索すれば、Spotify や YouTube などで聴くことができる。基音の位置はバージョンによって異なり、G⁻、A⁻、B♭⁻などがある。もともとはファイルーズ主演の映画「ビント・アル＝ハーリス bint al-ḥāris（守衛の娘）」（1968 年）のなかで歌われた挿入歌。

うですが、ファイルーズの歌も普通、聴かれるものは サンプル8 と同じラ音が基音になっています。

　この二つの旋律では、旋律の動き方やその響きがやはり似ていることに気づきます。これは旋律が似ているからともいえますが、前項で確認したように、その理由はむしろ同じ旋法であるからなのです。

　つぎは、ウードによるタクスィームです。

　先の二つの旋律と同じような特徴が サンプル9 のウードのタクスィーム、特に開始部の「旋律A」の背後にも潜んでいる、そのようなイメージで聴くとさらにわかりやすくなります。使用音階や支配音などの情報で説明すれば **譜例18** のようになりますが、作曲家や演奏家はあくまでヒジャーズ・カール・クルド旋法にこのような旋律的響きのイメージを持っているがゆえに、骨格部分の響きを共有した旋律ができるのです。

サンプル 9

ヒジャーズ・カール・クルド旋法
ウードのタクスィーム

【演奏】ムハンマド・カドリー・ダラール

録音：2016年9月・アレキサンドリア（エジプト）

　まず、第3課で学んだムワッシャフの AABA 構造を思い出してください。同じように「旋律A」と「旋律B」という区分を用いると、このタクスィームはつぎのように考えることができます。

　全体で8分弱のこのタクスィームは、大きく分けるとダウルである「旋律A」と、それに続くハーナ部分の三つの「旋律B（B1、B2、B3）」で構成されています。このタクスィームの開始部であるAでは、ヒジャーズ・カール・クルド旋法であることがこの旋法に特徴的な旋

律的響きを用いて提示されます。続く部分ではこのタクスィーム全体の「カフラ」となる B3 へと向かって、B1, B2 と徐々に音域が上昇してゆきます。それぞれの終止部分で小さなまとまりを締めくくるカフラが現れ、一時的な収束感を演出しつつ、最後の B3 で B のなかではもっとも高音域に達してフィナーレ部分を創出し、タクスィーム全体を締めくくるための典型的なカフラが登場して終わります。

　細部はつぎのとおりです。

00：00 ～ 01：20　　基音はラ⁻（**譜例 18** の下段参照）。開始部ないしはダウルである「旋律 A」にあたる部分、ヒジャーズ・カール・クルド的な響きを提示する。録音サンプルのカッドにあるように、下降する旋律的響きに特徴がある。01：08 ～ 01：20 付近にカフラにあたる旋律が登場する。

01：20 ～ 02：48　　「旋律 B1」の部分、A よりも高い音域を探る。02：31 ごろにこの部分の頂点に達し、その後、やはりこの部分を締めくくるカフラが登場し旋律は収束する。

02：49 ～ 03：57　　「旋律 B2」の部分も同様。主要な音域で構成音を変えるなどして変化をつける。

03：58 ～ 07：40　　「旋律 B3」の部分。旋律 B1・B2 よりもさらに高音域が強調され、構成音を変えたりして異なる響きを創出しつつ旋律 B3 の柱ともいうべき部分へと徐々に上りつめ、07：30 付近で頂点に達して、最後に全体を締めくくるカフラが登場し、基音へと下降して終わる。

【補足説明】
基音の移動
歌手の声域や楽器の音域にあわせる

　さて、ヒジャーズ旋法、ラースト・カビール旋法、そしてヒジャーズ・カール・クルド旋法など、これまでいくつかの旋法を学習し、その際にはそれぞれ、使用音階を確認し、また、基音、支配音、そして支配的な音域などを確認しました。それぞれの旋法の基音の位置を譜例を用いてここでもう一度確認すると、ヒジャーズ旋法の基音はレ音（41ページ譜例3）、ラースト・カビール旋法の基音はド音（56ページ譜例8）、そしてヒジャーズ・カール・クルド旋法の基音もド音（98ページ譜例18）になっています。このような基音の位置は、アラブ旋法の使用音階を説明するときに一般に使用される位置です。それゆえ、「基本位置」とか、「基本的な位置」といえるでしょう。

　しかし、先ほどのダラール先生のウードの演奏（**サンプル8**と**サンプル9**）やファイルーズの歌では、基音は基本位置のドではなく三度下のラーになっていました。このように基音の位置を基本位置からずらすことはよくあります。歌手の声域や使用楽器の音域、あるいは演奏者の好みにあわせているのです。

　たとえば、ウンム＝クルスームの太く力強い歌声は中音域から低音域にかけてその本領を発揮するため、基音が低めに設定されていることがよくあります。ファイルーズの場合も、先の例にあるように得意とする声域は比較的低めです。第2課の録音サンプルとして取り上げたカッド《ヤー・ティーラ・ティーリー》では【参考録音】としてシリアの女性歌手ルワイダー・アティーイェの歌うバージョンを紹介しましたが、彼女も非常に低い音域で歌っています。同じ旋律でも基音をずらすことで、また、若干異なる趣が加わります。

第５課

伝統的な組曲形式を
学ぼう

　第５課が最後の課になります。まず、これまで学習したことをバ
ヤーティー旋法群で確認しましょう。つぎに古典音楽では一般的な組
曲形式について学び、最後にアラビア語の音楽用語「マカーム」につ
いての注意事項をお話しして終わります。

1. 類縁旋法群について
　バヤーティー旋法群の例

　同じ使用音階、特に第一小音階を共有している旋法グループを本書
では類縁旋法と呼んでいることはすでにお話ししました。これまでの
学習では、主にラースト旋法とその類縁旋法について、支配音や支配
的な音域がどこであるかに注目して、低音域タイプ（ラースト旋法）、
中音域タイプ（ラースト・カビール旋法）、高音域タイプ（マーフール
旋法）に分類して聴いてみました。同じような類縁旋法群の例として
は、ラースト旋法群のほかにバヤーティー旋法群が重要です。

　バヤーティー旋法群には主要なものが四つあります。ウッシャー
ク・トゥルキー旋法、バヤーティー旋法、フサイニー旋法、そしてム
ハイヤル旋法です。ラースト旋法群がアラブの基本音階を使ってド音
が基音、つぎの核音がソ音であったのに対して、バヤーティー旋法群
では同じように基本音階を使っているものの基音はレ音になります。
この四旋法の支配音や支配的な音域は次ページ**譜例20、21**のように
なっています。この四旋法も、やはり支配音や支配的な音域の位置に
よって、三つのタイプに分けることができます。

　まず、ウッシャーク・トゥルキー旋法とバヤーティー旋法を見てみ
ましょう。

譜例 20　ウッシャーク・トゥルキー旋法とバヤーティー旋法

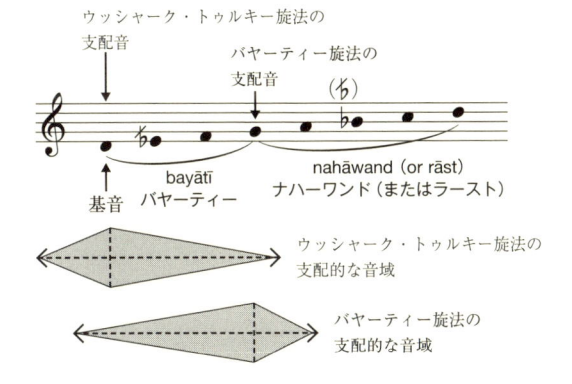

譜例 21　フサイニー旋法とムハイヤル旋法

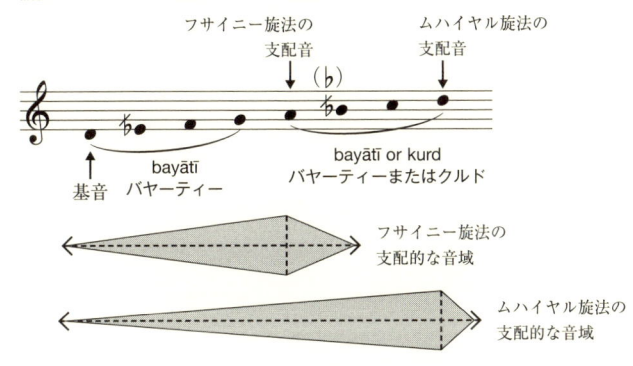

　最初にこの二つの旋法の使用音階を確かめます（**譜例 20**）。まず注目すべきポイントは、この二つの旋法の使用音階が同じ小音階構造をしていることです。また、二つとも第一小音階であるバヤーティーの小音階が旋律開始部で重要な響きになっています。

　しかし、つぎの点がこの二つの旋法間の響きの差異を作り出しています。バヤーティー旋法の場合、ヒジャーズ旋法と同じようにナワー（核）という名前を持つソ音が支配音で、バヤーティーの小音階でもソ音寄り

の響きが旋法情緒を紡ぎだす音域（支配的な音域）になります。よって、支配的な音域の位置で旋法を分類する場合、中音域タイプの旋法になります。これに対して、同じバヤーティーの小音階が重要であっても響きの重心がレ音にある場合、すなわち支配音が基音と同じレ音の場合はウッシャーク・トゥルキー旋法とみなされ、この場合は低音域タイプの旋法になります。バヤーティー旋法に関しては、サンプル10 のカッド《アラセーヤ araṣēya》注1 の旋律を聴いてみましょう。

サンプル10 **バヤーティー旋法** カッド《アラセーヤ》（歌つき）

【演奏】ウラー・ダラール（歌）

ムハンマド・カドリー・ダラール（ウード）

録音 · 2016 年 9 月・アレキサンドリア（エジプト）

　つぎに、バヤーティー旋法とフサイニー旋法を比較してみましょう。
　やはり、まず使用音階を確認すると、基音レ音からオクターブ上のレ⁺音まで、この二つも音階の構成音がほぼ同じであることがわかります。しかし、バヤーティー旋法の支配音がソ音であるのに対して、フサイニー旋法ではラ音になっています。そしてさらに確認すると、バヤーティー旋法の支配音ソ音は第一小音階に属す一方で、フサイニー旋法の支配音ラ音は第二小音階に属していることがわかります注2。そのため、バヤーティー旋法では支配的な音域が譜例20 の図形のような範囲になります。他方、フサイニー旋法では譜例21 の図形のようになり、バヤーティー旋法よりも若干、高い音域の旋律的響きに特徴があります。

注1　古典アラビア語ではカラースィーヤ qarāṣiyya といい、「スモモ（の一種）」を意味する。このカッドでは「紳士の食べ物」などと歌われている。「アラセーヤ」は口語的な発音。
注2　このような特徴に関する詳しい説明は、拙著『アラブ古典音楽の旋法体系：アレッポの歌謡の伝統に基づく旋法名称の記号論的解釈』（2017 年、スタイルノート）の第 5 章を参照。

　以上のことを念頭において、 サンプル11 のフサイニー旋法のムワッ
シャフ《ビッラズィー・アスカラ bil-ladhī askara（甘くするものにかけ
て)》の旋律を聴き、先に聴いた サンプル10 のバヤーティー旋法の旋
律と比べてみましょう。この二旋法は、それぞれに特徴的な響きは違
うものの、分類としてはどちらも中音域タイプの旋法になります。

フサイニー旋法

ムワッシャフ《ビッラズィー・アスカラ》

【演奏】ムハンマド・カドリー・ダラール

録音：2016 年 9 月・アレキサンドリア（エジプト）

　ではさらに、フサイニー旋法とムハイヤル旋法の違いを確認しま
しょう。まずは、使用音階を確かめます。
　譜例21 の使用音階でラ音が支配音の場合、フサイニー旋法となり、
レ⁺音が支配音の場合、ムハイヤル旋法となります。それぞれ、支配
的な音域を図形で示すと五線譜の下の図のようになります。ムハイヤ
ル旋法の場合、支配的な音域がレ音からレ⁺音のオクターブに及んで
おり、前課のマーフール旋法と同じように支配音から基音へと流れ
落ちる旋律が形成され、分類すると高音域タイプの旋法になります。
この二つに関しても、 サンプル11 と サンプル12 で旋律的特徴の違い
や、そこから生じる雰囲気の違いを確かめてみましょう。

ムハイヤル旋法　ムワッシャフ

《マフブービー・カサド maḥbūbī qaṣad（恋人が企てた)》

【演奏】ムハンマド・カドリー・ダラール

録音：2016 年 9 月・アレキサンドリア（エジプト）

　これまでに取り上げた旋法のほかにも、アラブ音楽で使用される基本的な旋法に関しては、お手本となる歌などの情報も含めて巻末に「基本旋法リスト」を掲載しました。適宜ご参照ください。

2. バヤーティー旋法群による組曲

　本書で扱ったカッドやムワッシャフは今日ではコンサートで個別に歌われることも多いのですが、伝統的にはいくつかを組み合わせて組曲形式で演奏するのが一般的です。組曲形式のことをアラビア語で「ワスラ waṣla」といい、歌手とウード、カーヌーン、リックなどの楽器からなる伝統的なアンサンブルで演奏する場合、通常、以下のような要素を含んでいます。

1. 器楽曲：サマーイー[注3]やドゥーラーブ[注4]など
2. 器楽の即興演奏（タクスィーム）
3. 詩の朗唱：古典詩カスィーダないしは口語詩マウワール
4. 伝承歌謡のメドレー：カッドやムワッシャフ

　もっとも小さな組曲は上記の3と4のみ、さらにいえば3の詩の朗唱に4の伝承歌謡を一曲足したシンプルな組み合わせでおこなわれます。他方、1から4の要素をそれぞれに追加して、さまざまに組み合わせたりすればさらに大きな組曲となります。次ページ**表4**にある

注3　sama'ī：器楽曲の一ジャンル。四つのハーナ khāna とひとつのタスリーム taslīm（リフレイン、繰り返し）部分からなり、khāna 1、taslīm、khāna 2、taslīm、khāna 3、taslīm、khāna 4、taslīm という順序で演奏される。リズム様式（本書巻末「用語集」参照）は10拍周期のサマーイー・サキールを使用するが、第4番目のハーナは3拍ないしは6拍周期の場合が多い。

注4　dūlāb：器楽曲の一ジャンルで、ひとつの旋律が数回繰り返される程度の比較的短い曲。第4課の《ヤー・マーリッ・シャーム》の前奏として演奏された曲もジャンルとしてはドゥーラーブにあたる。

例は、古典アラブ音楽を演奏し、組曲形式による録音の多いグルー
プ、アンサンブル・アル＝キンディーによる録音のなかから、バヤー
ティー旋法群による組曲（本書巻末「1.　録音案内」 **(3 CD)** ）の例です。上
述の四つの要素を組み合わせて、全体で1時間ほどになっています。

表4　組曲形式の例

順番	曲・歌のジャンルなど	主な演奏形態	旋法
1	前奏（サマーイー）	器楽合奏	ウッシャーク・トゥルキー旋法
2	器楽即興と古典詩の朗唱	器楽（カーヌーン）と歌唱	前奏部分：上に同じ 歌唱部分：フサイニー旋法
3	器楽曲	器楽合奏	バヤーティー旋法
4	ムワッシャフ	歌＆器楽	フサイニー旋法
5	器楽即興	器楽（ウード）	ムハイヤル旋法
6	前奏とムワッシャフ	歌＆器楽	フサイニー旋法
7 〜 10	古典詩の朗唱を伴う器楽の有拍即興演奏		
11	ムワッシャフ	歌＆器楽	カールジガール旋法
12	ムワッシャフ	歌＆器楽	ムハイヤル旋法

　この組曲は器楽の前奏「1」ではじまり、つぎに「2」ではカーヌー
ンの即興演奏が古典詩の朗唱を導きます。さらに器楽の合奏「3」が
続いて、それにムワッシャフ「4」が途切れなく続きます。ここで少
し終止感がありますが、つぎの部分へとウードの即興演奏「5」が誘
います。さらに器楽合奏や即興演奏、詩の朗唱を経て、最後に高音
域を中心とした旋法でムワッシャフがメドレーで歌われ（「11」「12」）
フィナーレを迎えます。

　このようにいくつかの要素を組み合わせて演奏しますが、その際に
重要なことは組曲で使用される歌や器楽演奏が類縁旋法で統一されて
いることです。この例の場合は、バヤーティー旋法群で統一されて
います。「11」のムワッシャフで使用されるカールジガール旋法もバ

ヤーティー旋法群のひとつです（巻末の「基本旋法リスト」参照）。こ
れは、まったく異なる性質の旋法を使用することによって、組曲全体
の情緒感が乱されないようにするための配慮と考えられます。また、
もうひとつの重要な点としては、伝承歌謡のメドレーでフィナーレを
迎える際に、旋法としては高音域に重心のあるものを選び、また、テ
ンポも速めにすることで高揚感を得て終わることが挙げられます。

3. 古いけれど「古臭く」はない
   伝統的な組曲形式

　ところで、才能ある歌手の発掘は各地でさまざまな形でおこなわれ
ており、昨今ではテレビなどのオーディション番組が多くの国で盛ん
です。アラブ世界も例外ではなく、パレスチナのガザ出身の若者ムハ
ンマド・アッサーフ[注5]がアラブ版のオーディション番組「アラブ・
アイドル」で優勝したのは 2013 年でした。また、2017 年には同じく
パレスチナのベツレヘム（ヨルダン川西岸地区）出身でキリスト教徒
（シリア正教徒）のヤアクーブ・シャーヒーン[注6]も「アラブ・アイドル」
で優勝し、一躍有名になりました。オーディション番組というとポッ
プスター発掘が目的のように思えますが、彼らはポップスも歌えば伝
承歌謡も歌う、そして詩の朗唱もできるという守備範囲の広さに特徴
があります。
　そうした番組でも、ゆっくりとした詩の朗唱から入ってじわじわと
会場の雰囲気を高め、つぎにテンポを上げた歌を歌って聴衆を湧かせ

注5　Muhammad 'Assāf/ Muhannmad Assaf。映画『歌声にのった少年』（本書巻末「1. 録音案内」の
　　③⑩参照）で、彼の幼少期から「アラブ・アイドル」で優勝するまでが映画化されている。
注6　Ya'qūb Shāhīn/ Yacoub Shaheen、日本語ではヤクーブ・シャヒーンと表記されることもある。

フィナーレを迎えるというもっとも基本的な組曲形式が使われることがあります。たとえば、上述のムハンマド・アッサーフは、パレスチナを讃えるマウワール（口語詩の朗唱）とパレスチナの大地で生きる人々の誇りを歌った歌《アッリー・クーフィーヤ 'allī al-kūfiyya（クーフィーヤを高く掲げよ）》を組み合わせて歌い、オーディション会場を多いに湧かせました[注7]。

　また、同じ系列のテレビ局による子ども用オーディション番組「ボイス・キッズ」では、難解な古典詩の朗唱に挑戦するような子どももおり、たいへんな関心を呼んでいます。ここでは「ボイス・キッズ」に登場したシリア出身のアブドゥッラヒーム・ハラビー君の選曲に注目してみましょう。ハラビー君は、古典詩の朗唱のあと、続けて《フォーギン・ナハル》を歌う組曲形式に挑戦しました[注8]。

mā kullu man dhāqa (a)ṣ-ṣabābata mughramun	
man lam yadhuq ṭaʻma (a)l-maḥabbati mā maras	歌われるのは
anā yā suʻādu bi-ḥabli wuddiki wāthiqun	2行目の途中
lan ansa dhikriki fī (a)ṣ-ṣabāḥi wa fī (a)l-ghalas	まで
yā jannata lil-ʻāshiqīna tazakhrafat	
jūdī bi-waṣlin fal-mutayyamu mā (i)ʼtanas	

　熱い思いを味わったものすべてが恋に夢中になるわけでもなく
　愛の味を知らないものは（恋に）やつれることもない
　おお、スアードよ、あなたの愛の紐に私は固く結ばれている

注7　そのときの映像を YouTube で視聴することができる。https://www.youtube.com/watch?v=Aj-pyJF6ckU（「Assaf Arab Idol」で検索可能）。テレビ番組「アラブ・アイドル Arab Idol」には YouTube 上に正式チャンネルがある。

注8　https://www.youtube.com/watch?v=dP-2ubsE85s（「Halabi Voice Kids」で検索可能）。テレビ番組「ボイス・キッズ The MBC Voice Kids」には YouTube 上に正式チャンネルがある。詩の朗唱はヒジャーズ旋法、基音はド音。

朝な夕なにあなたを思うのを忘れはしない

おお、恋人たちのために飾りが施された天国よ、

逢瀬を寛大に与えたまえ、恋に夢中なものは聞き分けが悪いのだ
から

　これは、17世紀後半から18世紀にかけて活躍したダマスカスの
スーフィー詩人アブドゥルガーニー・ナーブルースィー[注9]による古
典詩（カスィーダ）の冒頭部分です。カスィーダは二句一行形式で何
連も続く長い詩ですが、朗唱されるときは最初の何行か、ないしはそ
の一部の数行だけを歌うのが普通です。この詩は、もともとはイスラ
ム神秘主義に基づく宗教詩ですが、そうした文化的背景を知らずに聴
いた場合や世俗的な場で朗唱されると、女性に対する思いを歌ったと
も解釈できる内容になっています[注10]。

　つぎに歌われる《フォーギン・ナハル》がヒジャーズ旋法であるこ
とから、この朗唱でもヒジャーズ旋法が使われています。ハラビー君
は、お父さんとお母さんが見守るなか、この二つを組み合わせて「ボ
イス・キッズ」で歌っていますが、大勢の人の前で緊張しているの
か、古典詩の朗唱部分では若干不安そうです。《フォーギン・ナハル》
の旋律がはじまると徐々に安堵の表情が見て取れる動画となっていま
す。

注9　'Abd al-Ghānī Nābulsī（1641-1731）。
注10　74ページのコラムで紹介したように、宗教詩の場合、女性の名前が登場しても女性を直接指し
　　　ていたり、女性に呼びかけていたりするのではなく、神やカアバ聖殿のような宗教的な事象を指してい
　　　ると解釈される。

アカバ街区の小道（アレッポ、2006 年、筆者撮影）

4．旋法の名前は
イメージと記憶のための鍵

　さて、本書も終わりに近づいていますので、そろそろまとめに入りたいと思います。

　これまでいくつかの録音サンプルを聴いて、使用音階で基音や支配音、そして旋律開始部の特徴を確認し、さらに旋律行程（サイル）に関して学びました。そのなかでも特に重要なのが、開始部で響く各旋法に固有の旋律的響きです。この響きは旋法ごとに異なっていますので、各旋法を区別・分類し識別するために、アラブ音楽では各旋法に名前（名称）をつけてきました。ヒジャーズやバヤーティーなどがその例です。本書に登場した名前はほかにもラーストやフサイニーなどがあり、それらは旋法名だけでなく、音名や小音階名でもあったりするため、慣れないとその数の多さにいささか辟易（へきえき）するかもしれません。しかし、これらの名前は、旋律開始部に登場する各旋法に特徴的な響きのイメージと結びついており、単なる名前ではなくイメージを記憶に留めておくためのヒントや鍵となっています。

　もう少し具体的に考えてみましょう。まず、「バヤーティー」の例です。バヤーティー旋法の使用音階（**譜例20**）を確認すると、支配的な音域は支配音を含む第一小音階、すなわちバヤーティーの小音階となっていることがわかります。旋律の開始部で、このバヤーティーの小音階と支配音ソ音が響くことで、はじまった旋律はバヤーティー旋法であるとわかります。旋法の名前と小音階の名前が連動しているのです。

　では、フサイニー旋法の場合はどうでしょうか。使用音階（**譜例21**）で確認すると、支配音はラ音で、この音はアラビア語の音名では

フサイニー音といいます。すなわち、旋律の開始部で、フサイニー音が中心になり鳴り響くことで、はじまった旋律はフサイニー旋法であることがわかるのです[注11]。このような例はすべての旋法にあてはまるのではありませんが、響きのイメージと名前が呼応しているとわかる例になっています。

　響きのイメージに関していえば、第1課で最初に扱い、第5課でも組曲形式の例として登場したヒジャーズ旋法の響きについては、かなりの人が何らかのイメージを持つようになったのではないでしょうか。さらには、ヒジャーズ的な響きを思い出し何らかの情緒感を抱けると、「はじめに」の19ページでお話ししたアラブ音楽でも重要な概念「タラブ」に一歩近づいたことにもなるでしょう。ヒジャーズ旋法のほかには、たとえば、基音の五度上方で旋律が響きはじめるフサイニー旋法も比較的イメージを記憶しやすいかもしれません。

　その一方で、フサイニー旋法よりも狭い音域が重要となるバヤーティー旋法は、基本音階を使っていることもあり簡素ですが、もともと簡素であるゆえに変化もつけやすく、案外イメージが固まりにくかったりします。まずは、何度も録音サンプルを聴き、ネット上の録音や、さらには市販の録音（CDなど）も参考にして各旋法に固有の旋律的響きの把握に努めましょう。

注11　このような旋法名・小音階名・支配音名の呼応関係については、巻末旋法リストでも紹介している。

5. 終わりに
単語「マカーム」の扱い方について

　このようにして各旋法に固有の旋律的響きとそれに伴う情緒感のイメージが定着してくると、今日のアラブ音楽では欠かすことのできないキーワードである「マカーム māqam」という言葉の意味もよりはっきりしてきます。しかしながら、今日、アラブ世界でこの言葉を音楽に関して使うとき、本書で説明した「旋法」という意味で使われている場合と、もうひとつの意味、すなわち「音階」という意味で使われている場合があり、注意が必要です。

　アラブの音楽家がマカーム・ラーストとかマカーム・バヤーティーなどの「マカーム」について語るとき、多くの場合、各旋法の旋律的特徴とそれに伴う情緒感をイメージしている、すなわち「旋法（旋律様式）」をイメージしています。その一方で、よりわかりやすく、またよりシンプルに説明するために、旋法よりも「音階」の説明を重視することがあり、「マカーム」を音階という意味で使っていることも多いのが現状です。このような場合、文脈によって「マカーム」という言葉の意味を汲み取り、訳し分けて解釈する必要があります。

　こうした傾向は、歌や音楽の「マカーム」解説などさまざまなところで見かけることがあり、特にバヤーティー旋法群とラースト旋法群には注意してください。本課第1項の**譜例20**と**21**を見てみましょう。ウッシャーク・トゥルキー旋法、バヤーティー旋法、フサイニー旋法、そしてムハイヤル旋法は、ほぼ同じ音階を使っています。言い換えると、使用音階の構成音はほぼ同じです。そのため、もっとも基本的なバヤーティー旋法の名前を取って、これらの旋法のマカーム（音階）を説明するときに、「マカーム・バヤーティー（バヤーティー

の音階)」ということがあります。ラースト旋法群の場合も同様に、
たとえばラースト・カビール旋法の旋律であっても、ラースト旋法の
音階を使っているという意味で「マカーム・ラースト (ラースト音階)」
ということもあるのです[注12]。

　このように、バヤーティー旋法群やラースト旋法群などは音階で分
類する傾向もあるため、旋法の分類形態としては**表5**のように三種類
あるといえます。

表5　旋法の分類形態：三種類

	Ⅰ. 旋法による分類	Ⅱ. 音階分類と旋法分類の混在する方式	Ⅲ. 音階による分類
例1	ラースト	ラースト	ラースト
	ラースト・カビール		
	マーフール	マーフール	
例2	ウッシャーク・トゥルキー	バヤーティー	バヤーティー
	バヤーティー		
	フサイニー	フサイニー	
	ムハイヤル	ムハイヤル	
例3	フザーム		フザーム
	ラーハ・アルワーフ		

　表5の「Ⅰ. 旋法による分類」は本書で説明した分類です。しか
し、一般には「Ⅱ. 音階分類と旋法分類の混在する方式」が多く、
もっとも単純な場合は「Ⅲ. 音階による分類」が使用されていること
もあります。

　例1はラースト旋法群ですが、ラースト旋法とラースト・カビール

注12　こうした傾向の歴史的背景については、拙著『古典アラブ音楽の旋法体系：アレッポの歌謡の伝統
　　　に基づく旋法名称の記号論的解釈』(2017年、スタイルノート) の序章を参照。

旋法は区別されない傾向が高いので要注意です。ラースト・カビール旋法のアザーンは、ほぼ「マカーム・ラースト」と説明されます。この場合の「マカーム」という言葉は、正確には音階、すなわちラースト音階を使っているアザーンとでも説明すべき意味になりますが、専門家の脳裏にはラースト・カビール的な特徴が響いている可能性もあり、判断の難しいところです。

　例2のバヤーティー旋法群の場合も状況は同じで、やはり支配音が基音と同じであるウッシャーク・トゥルキー旋法はマカーム・バヤーティーと呼ばれることが多く、また、人によってはフサイニー旋法もバヤーティーと呼んでいることもあります。さらには四つの旋法すべてをマカーム・バヤーティーと呼んでいることもあり、その場合は音階で分類していることになります。

　フザーム旋法とラーハ・アルワーフ旋法に関する例3は、この二つの旋法の基音が前者はミ♭音、後者がシ♭音だが、使用音階は基音の位置が異なるだけで同じであることから、どちらも「フザーム」といわれていることがある例です。もっとも有名な例には、リヤード・スンバーティー作曲でウンム・クルスームが歌った《アル＝アトラール al-altlal/ al-aṭlāl（廃墟）》があります。この歌は、旋法（旋律様式）としてはラーハ・アルワーフ旋法ですが、使用音階はフザーム旋法と同じであるため「マカーム（音階）」はフザームと説明されることがよくあるのです[注13]。

　こうした傾向、すなわち一般にはわかりやすい音階分類をする傾向がある一方で、旋法分類を適切にしている場合もあり、どちらの場合も「マカーム」という言葉を使うため一筋縄ではゆかないのです。

　いずれにせよ、本書にある基本をしっかり押さえ、各旋法に独特の

注13　詳しくは拙著『古典アラブ音楽の旋法体系：アレッポの歌謡の伝統に基づく旋法名称の記号論的解釈』（2017年、スタイルノート）の238〜239ページを参照。

旋律的響きや情緒感の重要性を知っていると、たとえばある曲を音階分類で「ラースト」と説明されても、それがラースト旋法なのか、ラースト・カビール旋法なのか、それともマーフール旋法なのか、以前より聴き所に注目するようになり、アラブ音楽を聴く楽しみも増すことでしょう。

コラム ウード演奏、今昔

　アラブの伝統楽器の王様ウード。ギターにも似た形状であるためか、ウード1本でおこなうソロ演奏のイメージが国際的には普及しています。しかし、このイメージが確立したのは20世紀半ば以降で、さらにいえばアラブ世界の外でした。20世紀後半にヨーロッパで活躍し、この芸術に対する海外の評価を確かにしたイラクのウード奏者ムニール・バシールの演奏スタイルが、このイメージ形成に多大な貢献をしていることは間違いないでしょう。

　しかしながら、アラブ世界において伝統的には主要な音楽ジャンルは歌であり、ウードはその伴奏楽器として用いられてきました。本書で紹介した組曲形式（ワスラ）では、詩の朗唱の際にはウードはその旋律につき従うかのような伴奏をし、カッドやムワッシャフが歌われれば歌の旋律を弾きながら歌を盛り立てる、そして歌や演奏されている旋法にあわせて即興演奏（タクスィーム）をおこなう、このような歌を中心とした伝統的な演奏スタイルが求められます。また、必要とあらば、ウード奏者はソロ歌手の歌につき従い「追唱」のような役割をも担い、歌いもします。さらには聴衆も歌手や器楽奏者の奏でる旋律に追随するかのように声をかけ、音楽に魅せられて感動の声を漏らすこともあります。

　今日のウードのソロ・コンサートでも聴衆がアラブである場合、こうした傾向はありますが、上述のようにジャンルとしては比較的新しいこともあり、若干様子が違います。それは、アラビア語でイブダーア ibdā‘ すなわち「斬新さ」や「独創性」を重んじる傾向からも見て取れます。演奏家一人が舞台で先人たちが培ってきた伝統だけでなく自己の内面とも対峙し、己の独創性を追及する、音楽だけに集中する厳しさがあります。そのためなのか、前述のムニール・バシールは自身の演奏会では、アラブの聴衆に対して「ああ！」などの感動の声を上げたりする伝統的な音楽聴取の仕方を禁じたといわれています。その是非はともかく、今から半世紀前は新しかった演奏スタイルも今日では古典です。21世紀にはネット文化も音楽活動に参入し、さらに変化してゆくのではないでしょうか。

あとがき

　技術革新が日進月歩で進む今日、音楽産業も気がつくと新しいメディアが登場し、流行してはさらに新しくなり旧いものは消えてゆきます。そのようななかで、本書で紹介したような伝承歌謡は古臭く、忘れ去られているのかと思うと必ずしもそうではありません。特に《フォーギン・ナハル》は群を抜いて知られています。試しにYouTubeで《フォーギン・ナハル》を検索すると、実に多種多様な動画が見つかり、伝統的な歌唱からポップス系の歌手による演奏、中東でのパフォーマンスからヨーロッパの都市でのパフォーマンス、またベリーダンサーらしき一群の舞踏に使われていたりと、その地域的広がりと、さらにはジャンル的広がりには驚くべきものがあります。

　このように、さまざまな形で多様な人々に楽しまれている様子ですが、同じ歌を歌っている、演奏している、そして聴いているという事実以外にも共通している点があります。歌っている人々とそれを聴いている人々の間にはある種のつながりがあり、ひとつの音空間が成立していることです。動画のなかにそれを垣間見るときもあれば、自分と動画の間にそれを感じることもあるでしょう。本書で紹介したアレッポの夕べの会サフラでも、歌や音楽はそうして人々をつなぐ役割を果たしてきました。本書で紹介した歌の数々も、日本の読者の方々とアレッポ、シリア、そしてアラブの音楽との間につながりを築き、その距離のいくばくかを縮めることに貢献できたならと願います。

　なお、本書のために用意された録音サンプル群ですが、さまざまな制約のもとで録音されたため、残念ながらあまり良い状態ではありません。その一方で、その不完全さがこの録音サンプル群にアレッポでのお稽古の延長線上にいるような雰囲気を付加しており、再録の機会

を待たずに本書につけることとしました。本書の録音サンプルはあくまで事始めとして、この先、さまざまな録音、さらには生演奏に触れて、アラブ音楽体験、ひいては中東音楽体験を増やしていただけたら幸いです。

　姉妹本である拙著『アラブ古典音楽の旋法体系：アレッポの歌謡の伝統に基づく旋法名称の記号論的解釈』の出版からはや一年半が経ちました。本書は姉妹本の内容の一部を、初心者向けに構成しなおしたものです。アイデア自体はかなり以前からありましたが、それを一冊の本にするにはたいへんな時間がかかりました。

　最後になりましたが、本書の実現を可能にしてくださったスタイルノートの池田茂樹氏、そして本書の編集を担当してくださった冨山史真氏にこの場を借りてお礼申し上げます。

2018 年 8 月

飯野りさ

付録 ●

1. 録音案内

（1）CD、MP3、YouTube、Spotify など

　インターネットの発達で今日ではパソコンやスマホなど、録音された音楽の聴取媒体はかつてないほどに多岐にわたっています。この録音案内では、まず 1990 年代から 2000 年代にかけてリリースされた CD のなかでも、古くから伝承されてきた古典音楽を中心に演奏してきたグループ、アンサンブル・アル＝キンディーのものからご紹介します。

　同アンサンブルはフランス人カーヌーン奏者ジュリアン・ワイスが中心となり活動した多国籍なグループで、アレッポのウード奏者ムハンマド・カドリー・ダラールなどシリアの音楽家が多く参加しています。彼らのレパートリーには類縁旋法の曲を組み合わせたワスラ形式の録音が多いことから、旋法学習に適しています。しかし、残念ながら主な録音は現時点では再版されていないことから、ほかの歌手やグループによる演奏で、MP3 などでも販売されていたり、Spotify 日本語版でも聴くことができるものもこの項目の後半に挙げました。

①アサンブル・アル＝キンディー Ensemble Al-Kindî
Le salon du musique d'Alep（アレッポの音楽サロン、1998）
　　【英】The Aleppian Music Room
　　レーベル：Le Chant du Monde
　　二枚組／仏レーベル、仏語・英語による解説

アレッポの宗教歌手サブリー・ムダッラルをソロに迎え、アレッポのムワッシャフを中心とした組曲形式の録音。CD2 にムハンマド・カ

ドリー・ダラールによるマーフール旋法のタクスィームが収録されている。

② Les derviches tourneurs de Damas（ダマスカスの旋回するスーフィーたち、1999）

> 【英】Whirling Dervishes of Damascus
> レーベル：Le Chant du Monde
> 二枚組／仏レーベル、仏語・英語による解説

ダマスカスの宗教歌手ハムザ・シャックールによる宗教歌謡が中心。CD1 にはヒジャーズ旋法によるアザーン、CD2 にはムハンマド・カドリー・ダラールによるヒジャーズ・カール・クルド旋法の即興演奏（タクスィーム）が収録されている。初心者向けに録音された本書第4課の **サンプル9** と比較するとたいへん興味深い。

③ Les croisades sous le regard de l'Orient（東洋人のまなざしに映った十字軍、2001）

> 【英】The Crusades Seen through the Eyes of the Orient
> レーベル：Le Chant du Monde
> 二枚組／仏レーベル、仏語・英語による解説

タイトルにある「東洋人」とは中東の人、この場合は特にアラブ人のこと。CD1 はバヤーティー旋法群のムワッシャフなどで構成された組曲形式の録音で、バヤーティー旋法群に属する各旋法の印象の差異を学ぶのに適している。

④ **Parfums ottomans: Musique de cour arabo-turque**（オスマン帝
国の香り：アラブ＝トルコの宮廷音楽、2006）

【英】Ottoman Perfume: Arabic Turkish Court Music

レーベル：Le Chant du Monde

二枚組／仏レーベル、仏語・英語による解説

ムワッシャフの録音を含んでいるが、類縁旋法による曲を集めた伝統
的な組曲形式にはなっていない点に注意。

②そのほか

⑤ **Chants d'Alep: Sabri Moudallal**（アレッポの歌：サブリー・ムダッ
ラル、1999）

【英】Songs from Aleppo

主たる演奏者：サブリー・ムダッラル Sabri Moudallal

レーベル：Institut du Monde Arabe

仏レーベル、仏語・英語による解説

アレッポの宗教歌手サブリー・ムダッラルの CD。ヒジャーズ旋法の
アザーンを収録。ヒジャーズ・カール旋法によるカーヌーンのタク
スィームは同旋法の特徴をよく表している。バヤーティー旋法群の
カッドによるメドレーを含む。

⑥ **L'amour courtois**（宮廷風恋愛、2003）

【英】Courtly Love

主たる演奏者：アディーブ・ダーイフ Adib al-Dayikh

レーベル：Institut du Monde Arabe

仏レーベル、仏語・英語による解説

アレッポの宗教歌手アディーブ・ダーイフ（1938-2001）による CD。
バヤーティー旋法群による組曲では、古典詩『マジュヌーン・ライ
ラー（ライラーへの想いに狂ってしまった〔者〕)』からの抜粋が朗唱さ
れている。パリのアラブ世界研究所でのライブ録音で、聴衆の反応が
そのまま録音に入っており、興味深い。

7CD **The Two Tenors and Qantara**（二大テノールとカンタラ、2000)
　　　主たる演奏者：ワディーア・サーフィー、サバーフ・ファフ
　　　　　リー、シモン・シャーヒーン＆カンタラ、Wadi Al-Safi,
　　　　　Sabah Fakhri, Simon Shaheen & Qantara.
　　　レーベル：Ark21 Records
　　　米レーベル、英語による解説

シリアのサバーフ・ファフリーとレバノンのワディーア・サーフィー
という両国を代表する二大テノール歌手が、アメリカ在住のパレスチ
ナ人音楽家シモン・シャーヒーンのアンサンブル「カンタラ」と協演
しているライブ録音。そのなかの《アッ＝ローザーナー arrozana/ 'ar-
rūzānā（ローザーナーよ）》は典型的なジャハールカー旋法で、この歌
の途中の「yā rāyiḥīn la-Ḥalab（おお、アレッポへ行く人々よ）」という
歌詞の部分で会場が沸くなど、聴衆の反応が聞き取れる内容となって
いる。この CD は MP3 などでも販売されている。

8CD **Sabah Fakhri Master of Andalusian Folklore**（サバーフ・ファフ
　　　リー：アンダルシア民謡の大家、2006)
　　　主たる演奏者：サバーフ・ファフリー Sabah Fakhri
　　　レーベル：Hollywood Music Center

サバーフ・ファフリーによるカッドやムワッシャフなどの録音。
《ヤー・ティーラ・ティーリー》（第2課、 サンプル5 ）、《ヤー・マー
リッ・シャーム》（第4課、 サンプル7 ）、《アラセーヤ》（第5課、
サンプル10 ）などを収録。このアルバムはMP3などでも販売され、
Spotify日本語版でも聴くことができる。

⑨ El Jenna（Live）（天国、1970?）
　　主たる演奏者：サバーフ・ファフリー Sabah Fakhri

レバノンで1970年ごろに発売されたものがSpotifyに登録されて
いる。3曲目《ムワッシャハート Mouwachahat 1（Live）》はフザー
ム旋法群の組曲で、ソザーム旋法の《アイユハー・アッ＝サーキー
ayyuhā al-sāqī（おお、酌人よ）》のほか、ラーハ・アルワーフ旋法の
《ジャーダカ・アル＝ガイス jādaka al-ghayth（恵みの雨がもたらされま
すように)》などが歌われている。いずれも20世紀半ばに活躍したア
レッポの音楽家マジュディー・アキーリーの作曲であるが、詩はどち
らも古典詩で、前者がイブン＝ズフル Ibn Zuhr（11世紀）、後者がイ
ブン＝ハティーブ Ibn al-Khaṭīb（14世紀）による。

⑩ En concert à Paris（パリでのコンサート、1988）
　　【英】Live in Paris
　　演奏者：ムニール・バシール Munir Bachir
　　レーベル：Maison des Cultures du Monde
　　仏レーベル、仏語・英語による解説

イラクのウード奏者ムニール・バシールによるソロ・アルバム。即興

演奏を四曲収録。一曲目のイェカー・アウジュ旋法は、94 ページで解説したように本書ではマーフール旋法という名称で紹介した。この CD は MP3 などでも販売され、Spotify 日本語版でも聴くことができる。

11
CD
Andaloussiyat（アンダルスィーヤート、1997）
　　主たる演奏者：ファイルーズ Fairuz
　　レーベル：Voix de l'Orient

1960 年のダマスカス国際フェスティバルでの録音で、ファイルーズによる歌とラフバーニー兄弟によるアレンジのムワッシャフなどを収録。15 曲目《ジャーダカ・アル＝ガイス》は、**9** **CD** に収録の同名のムワッシャフと同じ古典詩を歌詞に使用しているが、この CD にある曲は《ビッラズィー・アスカラ》（第 5 課、　サンプル 11 ）の旋律を若干アレンジしたものを使用している。今日ではオリジナルの《ビッラズィー・アスカラ》よりもこちらの旋律のほうが有名かもしれない。

（2）DVD：歌手に関連する映画など

1
DVD
Umm Kulthum: A Voice like Egypt（ウンム＝クルスーム：エジプトのごとき声、1996）
　　監督：Michael Goldman
　　販売元：Arab Film Distribution
　　英語・アラビア語

ビデオで発売されたウンム＝クルスームの伝記的映像の DVD 版。ウンム＝クルスーム研究で有名なアメリカ人研究者ヴァージニア・ダニエルソンが監修している。

② **愛しきベイルート：アラブの歌姫**（2003）
DVD

　　　監督：ジャック・ジャンセン

　　　販売元：アップリンク

　　　アラビア語（日本語字幕つき）

ファイルーズの歌声に乗せて、内戦や政治的混乱で分断されたレバノンの人々がそれぞれの人生を語る。

③ **歌声にのった少年**（2016）
DVD

　　　監督：ハニ・アブ・アサド

　　　販売元：アルバトロス

　　　アラビア語（日本語字幕つき）

第5課で紹介したパレスチナ人歌手ムハンマド・アッサーフの半生をもとにした映画。パレスチナのガザ地区を決死の想いで出国し、エジプトのカイロでオーディション番組「アラブ・アイドル」の予選に参加した彼が、予選会場で有名なムワッシャフを歌いはじめるシーンがある。

２．本書で取り上げた主な歌手・音楽家

　ここには、本書で名前が登場した主な歌手や音楽家を挙げました。名前の表記は、最初にアラビア語からの転写表記、つぎに CD やネットなどで使用されているラテン文字表記を掲載しました。

（1）シリア：アレッポの伝統

サバーフ・ファフリー

Ṣabāḥ Fakhrī/ Sabah Fakhri（1933 - ）

　今日のシリア、アレッポを代表する歌手。アレッポの宗教歌手たちの系譜の末裔。伝承歌謡を歌う。早くから歌手として頭角を現し、1950 年代に当時の政治家ファフリー・バールーディーに気に入られ、彼の名前が芸名の由来となっている。古いものから比較的新しいものまで、テレビ放送などの映像を、今日では YouTube で見ることができる。カスィーダ（古典詩）やマウワール（口語詩）の朗唱からはじめて、カッドやムワッシャフのメドレーで締めくくる典型的なワスラ形式で歌う。Spotify 日本語版に歌手としての登録あり。

サブリー・ムダッラル

Ṣabrī Mudallal/ Sabri Moudallal（1918-2006）

　アレッポの宗教歌手。アレッポでも権威あるウマウィー・モスクのムアッズィンも務めた。20 世紀前半にアレッポで活躍したムワッシャフ作家のウマル・バトシュ 'Umar al-Baṭsh（1885-1950）の教えを受けたうちの一人。伝承歌謡を歌うとともに、自ら歌も作った。晩年になってからフランスなどでコンサートを開き、フランスのレーベルか

ら CD（「1. 録音案内」の ⑤ ）が出ている。Spotify 日本語版に歌手として の登録があるが、本書で紹介している CD は残念ながら登録されていない。

ムハンマド・カドリー・ダラール

Muḥamamd Qadrī Dalāl/ Muhammad Qadri Dalal（1945 - ）

　アレッポを代表するウード奏者で、伝承歌謡や器楽曲の膨大なレパートリーの記憶者でもある。1989 年にフランスでリリースした LP がフランスでは権威あるシャルル・クロ・アカデミーによる賞を受賞し、フランス政府からは文化功労賞を受賞している。サブリー・ムダッラルやサバーフ・ファフリーの伴奏を務め、1990 年代から 2000 年代はアンサンブル・アル＝キンディーのウード奏者も務めた。多くの国のフェスティバルなどで活躍している。

アンサンブル・アル＝キンディー

Ensemble Al-Kindî

　フランスのカーヌーン奏者ジュリアン・ワイス Julien Weiss（1953-2015）が、1983 年にはじめたアラブ古典音楽アンサンブル。シリアの古典音楽・歌謡を中心に演奏。アレッポのウード奏者ムハンマド・カドリー・ダラール、ダマスカスのナーイ奏者ズィヤード・カーディー・アミーン、エジプト出身のリック奏者アーデル・シャムスッディーンなどとともに、サブリー・ムダッラルやダマスカスの宗教歌手ハムザ・シャックール Hamza Shakkūr（1947 - ）らを歌手として迎え、フランスのレーベルから CD を多く出している。

（2）レバノン

ファイルーズ

Fayrūz/ Fairuz（1935 - ）

　今日のレバノンを代表する歌手。フェイルーズとも表記する。1950
年代からラジオなどで活躍しはじめ、1957 年のバールベック芸術祭
ではレバノン文化を主題とした音楽劇で主演し脚光を浴び、同芸術
祭の常連となる。1970 年代まではラフバーニー兄弟が彼女の歌を手
がけ、それ以降は彼女の息子であるズィヤード・ラフバーニー Ziyād
Raḥbānī/ Ziad Rahbani（1956 - ）による歌を歌うことが多い。Spotify
日本語版ではアラブ旋法を使っている歌も含めて、実に多くの歌を聴
くことができる。表記にはほかに Fairouz, Fayrouz, Feyrouz などがあ
る。

ラフバーニー兄弟

al-Akhwān Raḥbānī

　1950 年代から 70 年代にかけてレバノン音楽界を席巻した兄アー
スィー ‘Āṣī/ Assi（1923-1986）と弟マンスール Manṣūr/ Mansour
（1925-2009）による作詞・作曲を担う創作グループ。西洋音楽とレバ
ノンの民謡などを融合させた手法で音楽劇も手がけ、ファイルーズを
主役にバールベック芸術祭では 1975 年の内戦勃発までほぼ毎年のよ
うに新作を手がけていた。彼女が主演する映画などの音楽も担当。

ワディーア・サーフィー

Wadī‘ as-Ṣāfī/ Wadih Safi（1921-2013）

　レバノンの国民的歌手。シューフ地方の出身。口語詩マウワールの
朗唱などを得意とし、数々のフェスティバルに出演した。レバノンを

代表する作曲家の一人ザキー・ナースィーフ Zakī Nāṣīf/ Zaki Nassif
（1918-2004）作曲の《タッルー・フバーブナー tallou hbabna（我らの
愛しい人々がやってきた)》を歌っている。Spotify 日本語版に歌手と
しての登録あり。

（3）エジプト

ウンム＝クルスーム
Umm Kulthūm/ Umm Kulthum（1904?-1975）
　20 世紀エジプトを代表する歌手。村のイマーム（宗教指導者）で
あった父や兄とともに宗教歌謡を歌い評判が上がり、1920 年代にカ
イロに上京し、世俗歌手としての活動をはじめた。クルアーンの朗誦
で得たアラビア語の正しい発音が、のちに彼女の歌唱の正統さを裏づ
ける要素のひとつとみなされるようになった。金曜日が休日であるム
スリム社会では、木曜の夜が休日前のゴールデン・アワーにあたる。
彼女は毎月第二木曜日の夜にラジオ番組を持ち、多くの人々が彼女
の歌に聴き入った。Spotify 日本語版で彼女の歌を聴くことができる。
名前の表記は Om Kalsoum などいろいろとある。

（4）イラク

ムニール・バシール
Munīr Bashīr/ Munir Bashir, Munir Bachir（1930-1997）
　イラクを代表するウード奏者。1970 年代初頭にスイスのジュネー
ブでウードによるソロ・コンサートをはじめ、ヨーロッパでの評価を
確実にした。西洋クラシック音楽では今日、一般にはコンサートで静
かに集中して聴くことが求められるが、伝統的なアラブ音楽の演奏で

は音楽と同調し、感嘆した際には聴衆は言葉を発することが普通であ
る。このような事情にもかかわらず、聴衆に対して「静かに聴くよ
う」に求めたアラブ世界初の音楽家であったと、彼に近かった研究者
は述べている。今日、入手可能な CD にある彼の音楽は、そうした環
境のもとで成立していた彼独自の世界である。彼以降、ウードで独自
の世界を探求するスタイルはナスィール・シャンマ Naṣīr Shammah/
Naseer Shamma（1963 - ）などの次世代に受け継がれ、ひとつのジャ
ンルとして成立している。Spotify 日本語版に演奏家としての登録あ
り。表記は英語とフランス語の二通り。

3. 基本旋法リスト

——基本的な旋法の使用音階と旋律的特徴に関する音楽学的説明

　ここには基本的な 18 旋法を収録しました。各旋法に関して、まず使用音階を示し、それに支配音や支配的な音域に関する情報を付加し、さらに旋律モデルとしてその旋法による代表的な歌を紹介しています。使用にあたっては、本書にある第 1 課から第 5 課の内容を熟読のうえ、以下の点にご留意ください。

①使用音階について

　各旋法の使用音階は基音から上昇する形式で一オクターブ上方まで記され、小音階構成が示されています。使用音階の基音から一オクターブ上方以降は基本的には基音からはじまるオクターブの音階が繰り返されると考えますが、これに準じないものもあります。また、使用音階が複数ある場合は、主たる使用音階のあとに追加しました。♭と♯が併記されている音は、一般に上昇型では♯、下降型では♭とみなされていますが、その度合いは旋法や旋律の進行状態によって異なります。注1

　なお、使用音階に記された音名については本文 78 ページを、小音階名については 80 ページを参照してください。

②基音、支配音、小音階などについて

　基音と支配音は矢印で示し、支配音が旋法名と連動する場合は支配音に音名を記し、また、小音階と旋法名が連動する場合は小音階名に

注1　詳しくは、拙著『アラブ古典音楽の旋法体系：アレッポの歌謡の伝統に基づく旋法名称の記号論的解釈』（2017 年、スタイルノート）の第 2 部「旋法の名称とその音楽学的機能」を参照されたい。

二重線を付しました。各旋法に特徴的な響きを創出する小音階には下線を付したものの、二つ以上の小音階による音域が支配的な音域となる場合（高音域タイプの旋法の場合）は特定の小音階ひとつに下線を付してはいないことがあります。

③各旋法の支配的な音域について

　各旋法に特徴的な音域（支配的な音域）に関して、音階の下にひし形の図形をつけました。ひし形の形および面積は、使用音階中の音の重要度と対応していますが、これはあくまで視覚化による理解度の向上を図るための試みで、おおよその尺度を示しているに過ぎません。

④旋法ごとに例として挙げられている歌について

　本書で録音サンプルとして取り上げられているものには「★」をつけました。

　ラテン文字表記（英語・フランス語のアルファベット表記）を使用してYouTubeやSpotify上で検索可能なものは、タイトルの片仮名表記のつぎにネット上で比較的よく見られるラテン文字表記をつけ、最後にアラビア文字からの転写表記を付しました。ラテン文字表記では検索が難しいものに関しては、アラビア文字からの転写表記のみを記しました。

　CD録音があるものはそのCDの情報を挙げました。CD個々の情報については、「1. 録音案内」を参照してください。

　サバーフ・ファフリー Sabah Fakhri、ファイルーズ Fairuz の場合は、すべてではありませんがSpotifyで聴くことができます。

⑤そのほか：ネット上の情報

　旋法に関する情報としては、旋律モデルとしての歌や器楽曲の音源

と使用音階がセットになっている maqamworld.com（英語）がありま
す。音源つきであるため非常に親切かつ便利なサイトではあります
が、そのなかには旋法としては別に分類可能なものも若干ありますの
で注意してください。また、小音階に関する説明も本書とは若干異
なっています。

1　ウッシャーク・トゥルキー旋法 'ushshāq turkī 　低音域タイプ

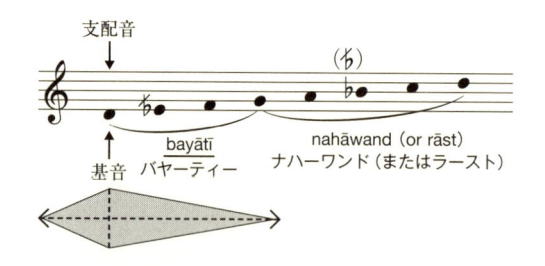

ムワッシャフ《イムラア・リー **imla li alakdah／imla' lī al-aqdāḥ**（杯
を満たして）》

⇨ **4 CD** 『Parfums ottomans: Musique de cour Arabo-turque』（2006）
　CD2の4曲目に収録。

2　バヤーティー旋法 bayātī（バイヤーティー bayyātī／バイヤート bayyāt／バヤート bayāt）　中音域タイプ

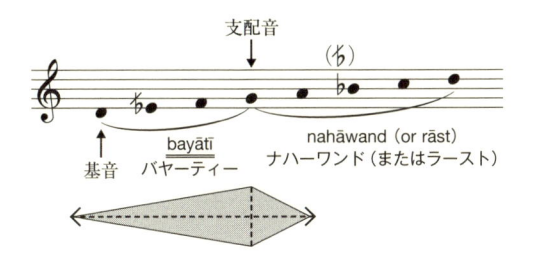

★カッド《アラセーヤ al-araṣēya》（第5課、サンプル10）

⇨ **5 CD**『Chants d'Alep: Sabri Moudallal』（1999）
バヤーティー旋法群による組曲が収録されており、《アラセーヤ》などが歌われている。

⇨ **8 CD**『Sabah Fakhri Master of Andalusian Folklore』（2006）

バヤーティー旋法群によるワスラ

⇨ **3 CD**『Les croisades sous le regard de l'Orient』（2001）
1枚目はバヤーティー旋法群の歌と楽曲などから成り立っている組曲。

3 フサイニー旋法 ḥusaynī 中音域タイプ

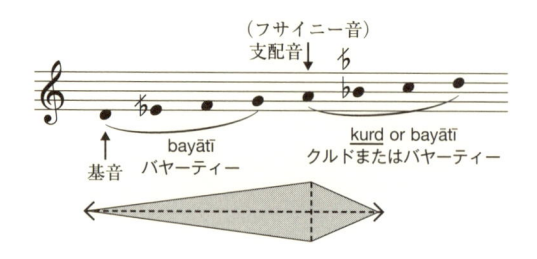

★ムワッシャフ《ビッラズィー・アスカラ billadhi askara／billadhī askara（甘くするものにかけて）》（第5課、 サンプル 11 ）

⇨ CD 4 『Parfums ottomans』（2006）
CD2の5曲目に収録されている。

4 ムハイヤル旋法 muḥayyar 高音域タイプ

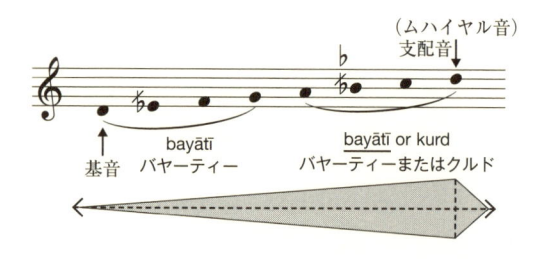

★ムワッシャフ《マフブービー・カサド maḥbūbī qaṣad（恋人が企てた）》（第5課、 サンプル 12 ）

⇨ CD 3 『Les croisades sous le regard de l'Orient』（2001）
CD1、12曲目。同じCDの5曲目（ウードのタクスィーム）もムハイヤル旋法。

5　サバー旋法 ṣabā　中音域タイプ

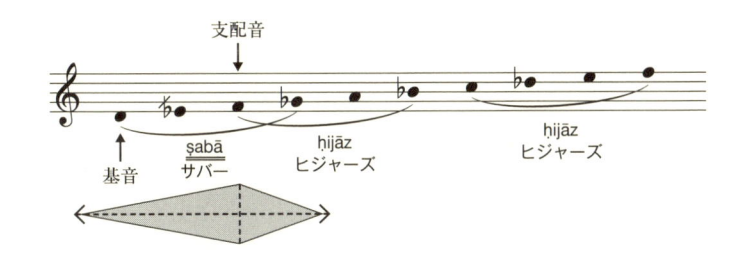

カッド《アルヤーナー 'alyānā min gharāmō （恋に悩んで）》

⇨ 🎵CD 『Le salon du musique d'Alep』（1998）
CD1 に収録。

6　ヒジャーズ旋法 ḥijāz　中音域タイプ

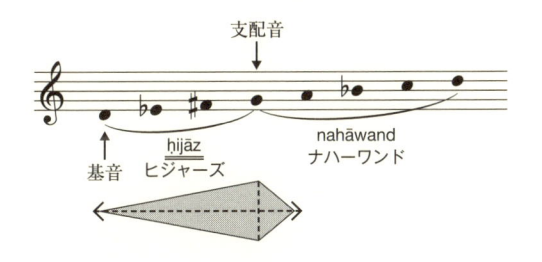

★カッド《フォーギン・ナハル fōg in-nakhal （なつめやしの上に）》（第
1課、**サンプル2**）

　⇨サバーフ・ファフリーなどの録音がある。

★カッド《イル＝ブルブル・ナーガー al-bulbul nagha／al-bulbul
nāghā （小夜鳴き鳥が鳴いた）》（第1課、**サンプル3**）

　⇨111 ページで紹介したビデオのなかでハラビー君が《フォー

ギン・ナハル》のつぎに歌っている。

⇨サバーフ・ファフリーなどの録音がある。

7　ヒジャーズ・カール旋法 ḥijāz kār　高音域タイプ

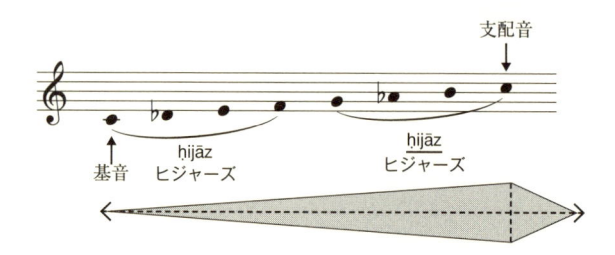

ムワッシャフ《ヤー・ウユーナン **yā 'uyūnan rāmiyyāt**（おお、まなざしを送るものよ）》

⇨ **5** CD 『Chants d'Alep: Sabri Moudallal』（1999）

1曲目に収録。同じ CD にこの旋法によるカーヌーンの即興演奏がある。

8　ヒジャーズ・カール・クルド旋法 ḥijāz kār kurd　高音域タイプ

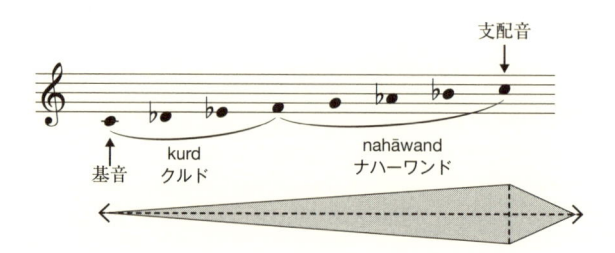

★カッド《アイユハー・アル＝ムウジャブ **ayyuhā al-muʻjab**（おお、おごれるものよ）》（第4課、**サンプル⑧**）

★第4課 **サンプル⑨**（ムハンマド・カドリー・ダラールによるタクスィーム）

　　⇨ **②CD**『Les derviches tourneurs de Damas』（1999）

　　CD2にムハンマド・カドリー・ダラールによるタクスィームが収録されている。

《ナッサム・アライナー・アル＝ハワー **nassam ʻalaynā al-hawā**（我々に風が吹いた）》（ラフバーニー兄弟／作詞・作曲）

　　⇨ 第4課99ページ参照。

9　クルド旋法 kurd　中音域タイプ

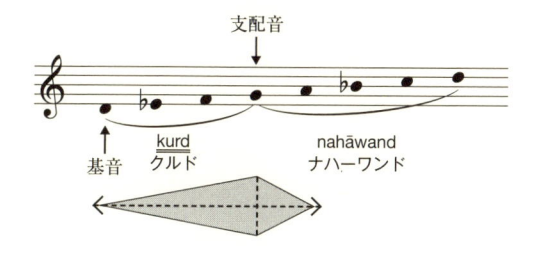

《アマル・ハヤーティー **amal hayati／amal ḥayātī**（私の人生の希望）》（ムハンマド・アブドゥルワッハーブ／作曲）

　　⇨ ウンム・クルスームによる歌。

10 （クルド・フサイニー旋法 kurd ḥusaynī） 中音域タイプ

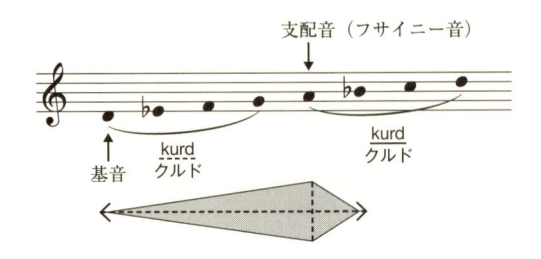

《インタ・ウムリー inta umri/inta 'umrī（あなたは私の命）》（ムハン
マド・アブドゥルワッハーブ／作曲）

⇨ウンム・クルスームによる歌。enta omry など表記はいろいろ
ある。

11 ラースト旋法 rāst 低音域タイプ

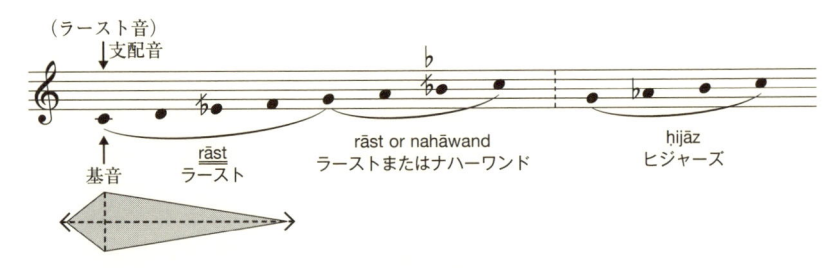

★ムワッシャフ《アヒンヌ・シャウカン aḥinnu shawqan（私は熱い想
いを抱いている）》（第3課、 サンプル6 ）

ムワッシャフ《マラア・アル＝カアサート mala al-kasat/mala' al-
ka'sāt（彼は杯を満たした）》

⇨多くのアラブ音楽アンサンブルによる録音がある。

12　ラースト・カビール旋法 rāst kabīr 　中音域タイプ

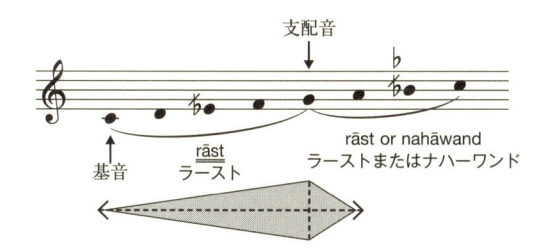

★カッド《ヤー・ティーラ・ティーリー **ya tira tiri／ya ṭīra ṭīrī**（おお、鳥よ、飛んでおくれ）》（第 2 課、サンプル**5**）

⇨ 8CD 『Sabah Fakhri Master of Andalusian Folklore』（2006）の 4 曲目《ya tera tiri》。

⇨ほかにファイルーズなどによる録音がある。

13　マーフール旋法 māhūr 　高音域タイプ

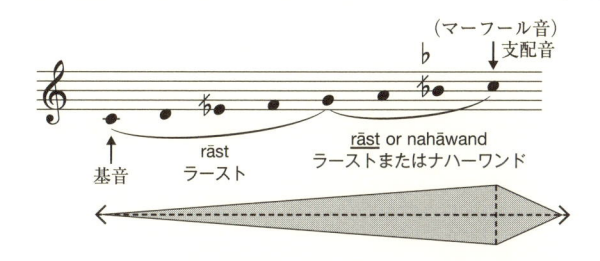

★カッド《ヤー・マーリッ・シャーム **ya mal al-sham／yā māl ish-shām**（おおシャームの宝よ）》（第 4 課、サンプル**7**）

⇨ 8CD 『Sabah Fakhri Master of Andalusian Folklore』（2006）

⇨ほかにファイルーズなどによる録音がある。

ムワッシャフ《ヤー・シャーディー **ya shadi al-alhan／yā shādī al-alḥān**（おお、旋律を歌うものよ）》

⇨サバーフ・ファフリーやファイルーズなどによる録音がある。

14 ナハーワンド旋法 nahāwand[注2]

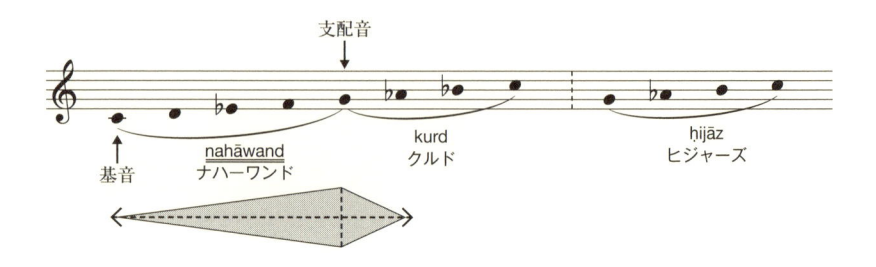

《タッルー・フバーブナー tallou hbabna/ṭallū ḥabābnā（我らの愛しい人々がやってきた）》（ザキー・ナースィーフ／作曲）

⇨ レバノンの歌手ワディーア・サーフィーの歌唱で、Spotify に登録あり。さまざまな歌手による録音がある。

15 フザーム旋法 huzām ｜中音域タイプ｜

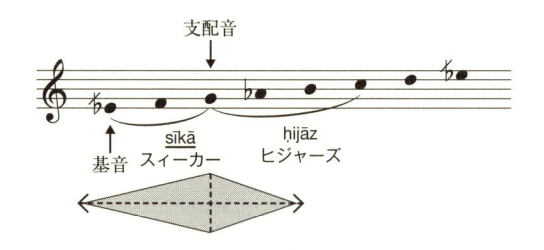

《アイユハー・アッ＝サーキー ayyuhā al-sāqi（おお酌人よ）》

⇨ **9 CD**『El Jenna (Live)』（1970?）の3曲目《ムワッシャハート Mouwachahat 1 (Live)》で、最初に歌われている。**9 CD** を参照。

注2　あえて分類すれば「中音域タイプ」にあてはまるが、その一方で下降気味の旋律的響きに特徴があることから、分類を明示することを避けた。

16　ラーハ・アルワーフ旋法 rāḥat al-arwāḥ　中音域タイプ

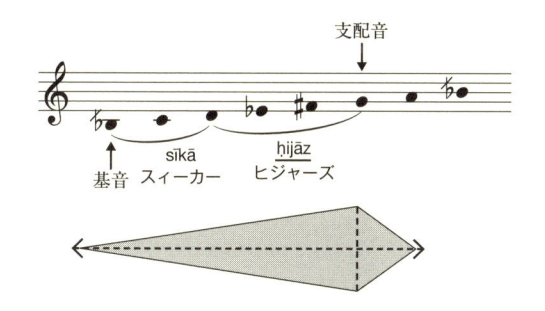

《アル゠アトラール al-altlal/ al-aṭlā（廃墟）》（リヤード・スンバーティー
／作曲）

> ➪エジプトの詩人イブラーヒーム・ナーギー（1898-1953）によ
> る古典詩が、ウンム゠クルスームによって歌われている。

17　アジャム・ウシャイラーン旋法 'ajam 'ushayrān　高音域タイプ

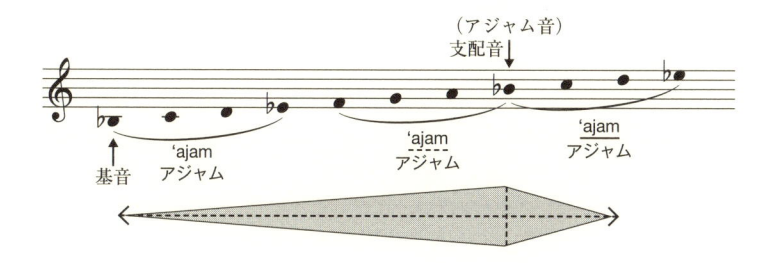

《ヤー・タイル ya tayr / ya tair/ yā ṭayr（おお、鳥よ）》（ラフバーニー
兄弟／作詞・作曲）

> ➪ファイルーズによる歌。ファイルーズ主演の映画『サファル・

バルリク Safar Barlik（国外追放)』（1967）の冒頭で歌われている。Spotify に新しいバージョン（2013）のものもある。

《ズールーニー **zouroui/zūrūnī kulli sana marra**（年に一度は訪ねて)》
（サイイド・ダルウィーシュ／作曲）

⇨ ファイルーズなどによる歌あり。

18　ジャハールカー旋法 jahārkā　中音域タイプ

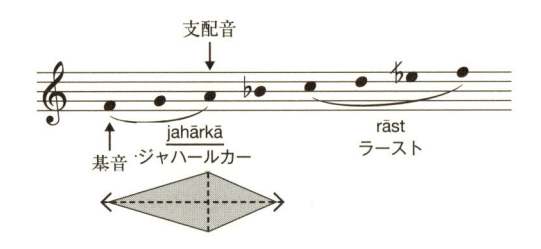

カッド《アッ゠ローザーナー **arrozana/'ar-rūzānā**（ローザーナーよ)》

⇨ サバーフ・ファフリーなどによる録音がある。

⇨ 『The Two Tenors and Qantara』（2000）の 15 曲目にも収められている。ただし、同じ歌詞でスィーカー旋法による旋律もあり、ファイルーズなどの録音がある。

4．用語集

アザーン　adhān：イスラム教において、一日五回の礼拝の直前にモスクから流れる礼拝への参加を促す呼びかけ。肉声でおこない、アラブ音楽の旋法規則に従った節がついていることが多い。

ウード　'ūd：ヨーロッパのリュートに似た、棹（さお）が短く、フレット（ギターにあるような弦を押さえる目安となる突起した線）のない撥弦楽器。フレットがないことから微妙な音程調整ができる。近代以降のものは、5コース（弦が二本で1コース、1コースで一音を出す）ないしは6コースが標準的。

カーヌーン　qānūn：台形の台に張った弦をはじいて演奏する撥弦（はつげん）楽器。26コース（弦が三本で1コース）が一般的。音程を微調整するための小さな駒（ウルバ 'urba）がついている。

核音　旋律が進行するときに、他の構成音に影響して一種の核となる音。ほかの構成音よりも重力があり、旋律形成の要（かなめ）となる。基音と支配音は各旋法の使用音階中でももっとも重要な核音。

カスィーダ　qaṣīda：①文学的には二句一行の対句形式による古典語の韻律詩で、単一韻律、単一押韻。②歌唱形式としては、韻律詩カスィーダをテキスト（歌詞）とした即興歌唱。③20世紀なかごろ以降は、二句一行の対句形式のテキストをもとに作曲された歌も意味する。

カッド	qadd：一節程度の短い旋律の伝承歌で、アレッポに多い。短いゆえに各旋法にもっとも特徴的な旋律的響きを備えていることが多い。
カフラ	qafla：アラビア語で「錠」などの意。即興演奏において、終止へと至る部分の旋律を示す。また、歌や即興演奏などを構成するまとまりある旋律単位の終止部分もカフラということができる。終止形、カデンツ。
基音	qarār：英語で tonic、アラビア語でカラール qarār（「底」などの意）。一般に使用音階の基盤となり、第一音として説明されることが多い。一曲が終わる際には旋律はこの音に収束する。
ギター	ghiṭā'：アラビア語で「蓋」の意。ムワッシャフの形式において、終止へと至る部分の旋律を示す。「カフラ」ということもある。
サイル	sayr：アラビア語で「道」「道程」などの意。本書では「旋律行程」としている。旋律が、どのようにはじまり、展開し、終わるのかに関する概念。ムワッシャフの AABA 形式は、A で旋律がはじまり、B で展開し、A に戻り終止することを説明しているゆえに、サイルの具体的な説明と解釈できる。
サマーイー	samā'ī：器楽曲の一ジャンル。四つのハーナ khāna と呼ばれる部分とひとつのタスリーム taslīm（リフレイン、繰り返し）部分からなり、khāna1, taslīm, khāna2, taslīm , khāna3, taslīm , khāna4 という順序で演奏される。リズム様式は 10 拍周期のサマーイー・サキールを使用するが、第 4 番目のハーナは 3 拍ないしは 6 拍周期の場合が多い。

支配音	旋律の開始部に出現する核音で、各旋法に特徴的な旋律的響きを創出する。英語で dominant、アラビア語でガンマーズ ghammāz というが、用語としては普及していない。
支配的な音域	本書に独自の用語。基音と支配音を中心とした音域で、旋律開始部で各旋法に特徴的な旋律的響きが創出される音域。
四分音	アラビア語でルブア・サウト rubʻ ṣawt。♭（ハーフ・フラット）で表記し、もとの音程から四分の一音低くした音を指す。ただし、音程は絶対的なものではなく、あくまで相対的な低さを示している。アラブ音楽ではミ音やシ音がこの音になりやすい。
小音階	三音音階、四音音階、五音音階の総称。英語では tetrachord、アラビア語でジンス jins などという。
ジンス	jins：小音階を指すアラビア語。もともとは「種類」を意味し、小音階の種類とも、小音階に基づく旋律的響きの種類とも解釈できる。
旋法	英語で mode：音楽学的には使用音階と旋律モデルの二要件で説明される旋律様式 melodic mode を指す。
旋律行程	アラビア語のサイルに相当する。「サイル」の項を参照。
旋律の開始部	旋法に基づく旋律の出だし部分で、各旋法に特徴的な旋律的響きが出現する部分。ムワッシャフの歌謡形式ではダウルにあたる部分。
旋律モデル	ある旋法がどのような旋律になるかを示す概念。具体例の形を取ることが多い。「サイル」の項を参照。

ダウル	dawr：アラビア語で「順番」などの意。①ムワッシャフの歌謡形式論に使用される用語、歌の最初に出現する旋律やその旋律を中心にした部分を示す。②近代歌謡の一形式、19世紀から20世紀前半のカイロに多い。
タクスィーム	taqsīm：器楽の即興演奏。
タラブ	ṭarab：音楽など美的な現象に心理的に影響されることが中核概念にあり、そこから派生するさまざまな現象を示す。①音楽に影響されること、されている状態。喜びや悲しみなどの感情を伴う。この状態は音楽との一体感を伴うことが多い。②そういった状態を引き起こす音楽、ジャンルは問わない。③古典音楽、古典歌謡。新古典的大衆歌謡も示しうる。
ドゥーラーブ	dulāb：器楽曲の一ジャンルで、一旋律が数回繰り返される程度の比較的短い曲。
ハーナ	khāna：伝承歌謡ムワッシャフの歌謡形式に使用される用語。開始部の旋律ダウルのつぎに出現し、終止部の旋律ギターの前に展開する部分を示す。
マウワール	mawwāl：①文学的には口語詩。②歌唱形式としては口語詩マウワールによる即興的歌唱。
マカーム	maqām：①基本的には「旋法」を意味するが、②「音階」を意味することもある。
ムアッズィン	mu'adhdhin：アザーンをおこなう人。
ムワッシャフ	muwashshaḥ：①文学的には中世アンダルシア起源の詩形式、およびマグリブ地域ではそれに基づく歌の形式。②東アラブ地域の歌謡形式としては、既成旋律を持つ歌謡ジャンルのひとつ。

リズム様式	アラビア語でイーカー īqā‘、ないしはワズン wazn。アラブ音楽に用いられるリズム型で、3拍、7拍、10拍など、決められた拍周期を持つ一種のリズム・パターン。以下には例として、器楽曲サマーイーで使用される10拍周期のサマーイー・サキールを挙げる。リズムの基本は、重く湿った音「ドゥム」、軽く乾いた音「タク」、そして休みの「エス」の三つの要素からなり、譜例では音符の符幹（棒の部分）が上向きの音がドゥム、下向きの音がタク、休符がエスである。

リック	riqq：タンバリンに似た、丸い木枠に皮を張った小型の打楽器（枠太鼓）。ミニシンバルがついていることが多い。
類縁旋法	同じ使用音階、特に第一小音階を共有している旋法群。ラースト旋法群、バヤーティー旋法群など。
ワスラ	waṣla：歌と器楽による組曲。世俗的な内容のものを指す傾向がある。

歌のタイトルによる索引

アラビア語の片仮名表記に基づく。初出ページに転写表記や翻訳などがある。旋法リスト中に掲載されている場合は、録音（CD、YouTube、Spotify など）に関する情報あり。

引用文献リスト

新井裕子著『イスラムと音楽：イスラムは音楽を忌避しているのか』（2015 年、
　スタイルノート）

飯野りさ著『アラブ古典音楽の旋法体系：アレッポの歌謡の伝統に基づく旋法名
　称の記号論的解釈』（2017 年、スタイルノート）

中町信孝著『「アラブの春」と音楽：若者たちの愛国とプロテスト』（2016 年、
　DU BOOKS）

濱崎友絵著『トルコにおける「国民音楽」の成立』（2013 年、早稲田大学出版会）

引用録音資料リスト

Bachir, Munir. 1988. En concert à Paris. Maison des Cultures du Monde.

al-Dayikh, Adib. 2002. L'amour courtois. Institut du Monde Arabe.

Ensemble Al-Kindi. 1998. Le salon du musique d'Alep. Le Chant du Monde.

——. 1999. Les derviches tourneurs de Damas. Le Chant du Monde.

——. 2001. Les croisades sous le regard de l'Orient. Le Chant du Monde.

——. 2006. Parfums ottomans: Musique de cour Arabo-turque. Le Chant du Monde.

Fairuz. 1997. Andaloussiyat. Voix de l'Orient.

Fakhri, Sabah. 1970 (?). El-Jenna (Live) (mihrajānāt bayt al-dīn). Publisher unknown.

——. 2006. Master of Andalusian Folklore. Hollywood Music Center.

Moudallal, Sabri. 1999. Chants d'Alep: Sabri Moudallal. Institut du Monde Arabe.

Al-Safi, Wadi, Sabah Fakhri, Simon Shaheen & Qantara. 2000. The Two Tenors and
　Qantara. Ark21 Records.

●著者紹介

飯野りさ (いいの・りさ)

中東地域文化研究（音文化）専攻。東京大学大学院総合文化研究科（博士課程）単位修得満期退学、博士（学術）。外務省専門調査員、東京大学東洋文化研究所特任研究員などを経て、現在、日本学術振興会特別研究員（PD）。アレッポを代表する音楽家ムハンマド・カドリー・ダラール氏に伝承歌謡を師事。著書『アラブ古典音楽の旋法体系：アレッポの歌謡の伝統に基づく旋法名称の記号論的解釈』（2017年、スタイルノート）が、第35回田邉尚雄賞を受賞。趣味はカーヌーンの練習。

主要業績：「『タラブ』と『ナガム』の文化内在的構造：アラブ文化における音楽と情緒の関係に着目して」『イスラム世界』82巻、2015年。"Inheriting the Ghammāz-Oriented Tradition: d'Erlanger and Aleppine Maqām Practice Observed," *Ethnomusicology Forum,* 18 (2), 2009。

アラブ音楽入門
——アザーンから即興演奏まで

発行日 ● 2018 年 10 月 7 日　第 1 刷
　　　 2024 年 6 月 24 日　第 2 刷

著　者 ● 飯野りさ
発行人 ● 池田茂樹
発行所 ● 株式会社スタイルノート
　　　　　〒 185-0021
　　　　　東京都国分寺市南町 2-17-9-5F
　　　　　電話 042-329-9288
　　　　　E-Mail books@stylenote.co.jp
　　　　　URL https://www.stylenote.co.jp/

装　画 ● いだりえ
装　幀 ● Malpu Design
印　刷 ● シナノ印刷株式会社
製　本 ● シナノ印刷株式会社